D1426202

Macbeth

ŒUVRES PRINCIPALES

Roméo et Juliette, Librio n° 9
Hamlet, Librio n° 54
Othello, Librio n° 108
Le roi Lear, Librio n° 351
Richard III, Librio n° 478
La nuit des rois
Richard II
La tempête
Le marchand de Venise
Beaucoup de bruit pour rien
Comme il vous plaira
Les deux gentilshommes de Vérone
La mégère apprivoisée
Peines d'amour perdues
Titus Andronicus
Jules César
Antoine et Cléopâtre
Coriolan
Le songe d'une nuit d'été
Les joyeuses commères de Windsor
Henri IV
Henri V
Henri VI
Le roi Henri VIII
Cymbeline

William Shakespeare

Macbeth

Traduit de l'anglais
par François-Victor Hugo

Texte intégral

Tous droits réservés

PERSONNAGES

DUNCAN, roi d'Écosse.

MALCOLM,
DONALBAIN,
} ses fils.

MACBETH,
BANQUO,
} généraux de l'armée du roi.

MACDUFF,
LENOX,
ROSS,
MENTEITH,
ANGUS,
CAITHNESS,
} nobles d'Écosse.

FLÉANCE, fils de Banquo.
SIWARD, comte de Northumberland, général de l'armée anglaise.
Le jeune SIWARD, son fils.
SEYTON, officier de la suite de Macbeth.
Le fils de MACDUFF.
Un médecin anglais.
Un médecin écossais.
Un soldat.
Un portier.
Un vieillard.

Lady MACBETH.
Lady MACDUFF.
Une suivante de lady MACBETH.
HÉCATE et trois sorcières.
Le spectre de BANQUO et autres apparitions.

SEIGNEURS, GENTILSHOMMES, OFFICIERS, SOLDATS.
ASSASSINS, SERVITEURS ET MESSAGERS.

La scène est, partie, en Écosse, partie, en Angleterre.

ACTE PREMIER

SCÈNE PREMIÈRE

En Écosse. – Un lieu découvert. Tonnerre et éclairs.

LES TROIS SORCIÈRES *entrent.*

PREMIÈRE SORCIÈRE. – Quand nous réunirons-nous de nouveau toutes les trois, en coup de tonnerre, en éclair ou en pluie ?

DEUXIÈME SORCIÈRE. – Quand le hourvari aura cessé, quand la bataille sera perdue et gagnée.

TROISIÈME SORCIÈRE. – Ce sera avant le coucher du soleil.

PREMIÈRE SORCIÈRE. – En quel lieu ?

DEUXIÈME SORCIÈRE. – Sur la bruyère.

TROISIÈME SORCIÈRE. – Pour y rencontrer Macbeth.

PREMIÈRE SORCIÈRE. – J'y vais, Graymalkin !

LES TROIS SORCIÈRES. – Paddock appelle... Tout à l'heure !... Le beau est affreux, et l'affreux est beau. Planons à travers le brouillard et l'air impur. *(Les sorcières s'évanouissent.)*

SCÈNE II

Un camp près de Forres. – Alarme derrière le théâtre.

Entrent LE ROI DUNCAN, MALCOLM, DONALBAIN, LENOX *et leur suite. Ils rencontrent* UN SOLDAT *ensanglanté.*

DUNCAN. – Quel est cet homme sanglant ? Il peut, à en juger par l'état où il est, nous donner les plus récentes nouvelles de la révolte.

MALCOLM. – C'est le sergent qui a combattu en bon et hardi soldat pour me sauver de la captivité. Salut, brave ami ! Dis au roi ce que tu sais de la mêlée, telle que tu l'as quittée.

LE SOLDAT. – Elle restait douteuse. On eût dit deux nageurs épuisés qui se cramponnent l'un à l'autre et étouffent leur savoir-faire... L'implacable Macdonald (bien digne d'être un rebelle, tant les vilenies multipliées de la nature pullulent en lui) avait reçu des îles de l'Ouest un renfort de Kernes et de Gallowglasses ; et la Fortune, souriant à sa révolte damnée, semblait se prostituer au rebelle. Mais tout cela a été trop faible. Car le brave Macbeth (il mérite bien ce nom), dédaignant la Fortune et brandissant son épée toute fumante de ses sanglantes exécutions, en vrai mignon de la Valeur, s'est taillé un passage jusqu'à ce misérable ; et il ne lui a serré la main et ne lui a dit adieu qu'après l'avoir pourfendu du nombril à la mâchoire et avoir fixé sa tête sur nos créneaux.

DUNCAN. – Ô vaillant cousin ! digne gentilhomme !

LE SOLDAT. – De même que, souvent, au point d'où partent les rayons du soleil, surgissent des tempêtes grosses de naufrages et d'effrayants tonnerres, ainsi de ce qui semblait être une source de joie jaillissent les alarmes. Écoutez, roi d'Écosse, écoutez. A peine la Justice, armée de la Valeur, avait-elle forcé les Kernes bondissants à se fier à leurs talons, qu'épiant l'occasion, le lord de Norvège, avec des armes fraîchement fourbies et de nouveaux renforts, a commencé un autre assaut.

DUNCAN. – Cela n'a-t-il pas effrayé nos capitaines, Macbeth et Banquo ?

LE SOLDAT. – Oui, comme le moineau effraye l'aigle, ou le lièvre le lion. Pour dire vrai, je dois déclarer qu'ils étaient comme deux canons chargés à double mitraille, tant ils frappaient sur l'ennemi à coups redoublés ! Voulaient-ils se baigner dans des blessures fumantes, ou immortaliser un second Golgotha ? je ne puis le dire... Mais je suis épuisé : mes plaies crient au secours !

DUNCAN. – Tes paroles te vont aussi bien que tes blessures : elles sentent également l'honneur. Allez, qu'on lui donne des chirurgiens ! *(Le soldat sort, s'appuyant sur des aides.)* Qui vient ici ?

Entrent Ross et Angus.

MALCOLM. – C'est le digne thane de Ross.

LENOX. – Quel empressement dans ses regards ! Il a l'air d'un homme qui a d'étranges choses à dire.

ROSS. – Dieu sauve le roi !

DUNCAN. – D'où viens-tu, digne thane ?

ROSS. – De Fife, grand roi, où les bannières norvégiennes narguent le ciel et éventent notre peuple frissonnant. Le roi de Norvège lui-même, avec ses masses terribles, assisté par le plus déloyal des traîtres, le thane de Cawdor, engageait une lutte fatale, quand Macbeth, le fiancé de Bellone, cuirassé à l'épreuve, a affronté le rebelle, dans une joute corps à corps, pointe contre pointe, bras contre bras, et a dompté sa valeur sauvage. Pour conclure, la victoire nous est échue.

DUNCAN. – Ô bonheur !

ROSS. – Si bien que maintenant Swéno, roi de Norvège, demande à entrer en composition. Nous n'avons pas daigné lui laisser enterrer ses hommes, qu'il n'eût déboursé, à Saint-Colmes-Inch, dix mille dollars pour notre usage général.

DUNCAN. – On ne verra plus ce thane de Cawdor trahir notre plus cher intérêt. Allez ! qu'on prononce sa mort, et que du titre qu'il portait on salue Macbeth !

ROSS. – Je veillerai à ce que ce soit fait.

DUNCAN. – Ce qu'il a perdu, le noble Macbeth l'a gagné. *(Ils sortent.)*

SCÈNE III

Une bruyère. – Tonnerre.

LES TROIS SORCIÈRES *entrent.*

PREMIÈRE SORCIÈRE. – Où as-tu été, sœur ?

DEUXIÈME SORCIÈRE. – Tuer le cochon.

TROISIÈME SORCIÈRE. – Et toi, sœur ?

PREMIÈRE SORCIÈRE. – La femme d'un matelot avait dans son tablier des châtaignes qu'elle mâchait, mâchait, mâchait... *Donne-m'en*, lui dis-je. – *Décampe, sorcière !* crie la carogne nourrie de rebut. Son mari est parti pour Alep, comme patron du *Tigre,* mais je vais m'embarquer à sa poursuite dans un crible, et, sous la forme d'un rat sans queue, j'agirai, j'agirai, j'agirai !

DEUXIÈME SORCIÈRE. – Je te donnerai un vent.

PREMIÈRE SORCIÈRE. – Tu es bien bonne.

TROISIÈME SORCIÈRE. – Et moi un autre.

PREMIÈRE SORCIÈRE. – Et moi-même j'ai tous les autres ; je sais les ports mêmes où ils soufflent, et tous les points marqués sur la carte des marins. Je le rendrai sec comme du foin : le sommeil, ni jour ni nuit, ne se pendra à l'auvent de sa paupière. Il vivra comme un excommunié. Neuf fois neuf accablantes semaines le rendront malingre, hâve, languissant ; et, si sa barque ne peut se perdre, elle sera du moins battue des tempêtes. Regardez ce que j'ai là.

Deuxième Sorcière. – Montre-moi, montre-moi.

Première Sorcière. – C'est le pouce d'un pilote qui a fait naufrage en revenant dans son pays. *(Bruit de tambours sur le théâtre.)*

Troisième Sorcière. – Le tambour ! le tambour ! Macbeth arrive !

Toutes Trois, *dansant*. – Les sœurs fatidiques, la main dans la main, messagères de terre et de mer, ainsi vont en rond, en rond. Trois tours pour toi, et trois pour moi, et trois de plus, pour faire neuf. Paix !... Le charme est dans le cercle.

Entrent Macbeth et Banquo.

Macbeth. – Je n'ai jamais vu un jour si sombre et si beau.

Banquo. – A quelle distance sommes-nous de Forres ? Quelles sont ces créatures si flétries et si farouches dans leur accoutrement, qui ne ressemblent pas aux habitants de la terre, et pourtant sont sur la terre ?... Vivez-vous ? Êtes-vous quelque chose qu'un homme puisse questionner ? On dirait que vous me comprenez, à voir chacune de vous placer son doigt noueux sur ses lèvres de parchemin... Vous devez être femmes, et pourtant vos barbes m'empêchent de croire que vous l'êtes.

Macbeth. – Parlez, si vous pouvez... Qui êtes-vous ?

Première Sorcière. – Salut, Macbeth ! salut à toi, thane de Glamis !

Deuxième Sorcière. – Salut, Macbeth ! salut à toi, thane de Cawdor !

Troisième Sorcière. – Salut, Macbeth, qui plus tard seras roi !

Banquo. – Mon bon seigneur, pourquoi tressaillez-vous, et semblez-vous craindre des choses qui sonnent si bien ? *(Aux sorcières.)* Au nom de la vérité, êtes-vous fantastiques, ou êtes-vous vraiment ce qu'extérieurement vous paraissez ? Vous saluez mon noble compagnon de ses titres présents et de la haute prédiction d'une noble fortune et d'un avenir royal, si bien qu'il en semble ravi. A moi vous ne parlez pas. Si vous pouvez voir dans les germes du temps, et dire quelle graine grandira et quelle ne grandira pas, parlez-moi donc, à moi qui ne mendie et ne redoute ni vos faveurs ni votre haine.

PREMIÈRE SORCIÈRE. – Salut !

DEUXIÈME SORCIÈRE. – Salut !

TROISIÈME SORCIÈRE. – Salut !

PREMIÈRE SORCIÈRE. – Moindre que Macbeth, et plus grand !

DEUXIÈME SORCIÈRE. – Pas si heureux, pourtant bien plus heureux !

TROISIÈME SORCIÈRE. – Tu engendreras des rois, sans être roi toi-même... Donc, salut, Macbeth et Banquo !

PREMIÈRE SORCIÈRE. – Banquo et Macbeth, salut !

MACBETH. – Demeurez, oracles imparfaits ! dites-m'en davantage. Par la mort de Sinel, je le sais, je suis thane de Glamis ; mais comment de Cawdor ? Le thane de Cawdor vit, gentilhomme prospère... Et, quant à être roi, cela n'est pas plus dans la perspective de ma croyance que d'être thane de Cawdor. Dites de qui vous tenez cet étrange renseignement, ou pourquoi sur cette bruyère désolée vous barrez notre chemin de ces prophétiques saluts. Parlez ! je vous l'ordonne. *(Les sorcières s'évanouissent.)*

BANQUO. – La terre a, comme l'eau, des bulles d'air, et celles-ci en sont : où se sont-elles évanouies ?

MACBETH. – Dans l'air, et ce qui semblait avoir un corps s'est fondu comme un souffle dans le vent... Que ne sont-elles restées !

BANQUO. – Les êtres dont nous parlons étaient-ils ici vraiment ? ou avons-nous mangé de cette racine insensée qui fait la raison prisonnière ?

MACBETH. – Vos enfants seront rois !

BANQUO. – Vous serez roi !

MACBETH. – Et thane de Cawdor aussi ! Ne l'ont-elles pas dit ?

BANQUO. – En propres termes, avec le même accent... Qui va là ?

Entrent Ross et Angus.

ROSS. – Le roi a reçu avec bonheur, Macbeth, la nouvelle de ton succès ; et, à la lecture de tes aventures personnelles dans le combat contre les révoltés, son admiration et son enthousiasme hésitent à s'exprimer autant qu'à se taire. Interdit par tes exploits, dans le cours de la même journée, il te trouve au plus épais des rangs norvégiens, impassible devant tous ces spectres étranges que tu fais toi-même. Avec la rapidité de la parole, les courriers succédaient aux courriers, et chacun d'eux rapportait tes prouesses dans cette grandiose défense de son royaume et les versait à ses pieds.

ANGUS. – Nous sommes envoyés pour te transmettre les remerciements de notre royal maître : chargés seulement de t'introduire en sa présence, et non de te récompenser.

ROSS. – Et, comme arrhes d'un plus grand honneur, il m'a dit de t'appeler, de sa part, thane de Cawdor. Salut donc, digne thane, sous ce titre nouveau, car il est à toi !

BANQUO, *à part*. – Quoi donc ! le diable peut-il dire vrai ?

MACBETH. – Le thane de Cawdor vit ; pourquoi me revêtez-vous de manteaux empruntés ?

ANGUS. – Celui qui était thane de Cawdor vit encore ; mais un lourd jugement pèse sur sa vie, qu'il a mérité de perdre. Était-il ouvertement ligué avec ceux de Norvège ? ou a-t-il appuyé le rebelle par des secours et des subsides cachés ? ou bien a-t-il travaillé par une double complicité au naufrage de son pays ? Je ne sais pas ; mais le crime de haute trahison prouvé et avoué a causé sa chute.

MACBETH, *à part*. – Glamis, et thane de Cawdor ! Le plus grand est encore à venir ! *(Haut, à Angus.)* Merci pour votre peine ! *(Bas, à Banquo.)* N'espérez-vous pas que vos enfants seront rois, puisque celles qui m'ont donné le titre de Cawdor ne leur ont pas promis moins qu'un trône ?

BANQUO, *bas, à Macbeth*. – Une conviction aussi absolue pourrait bien élever votre ardeur jusqu'à la couronne, au-dessus du titre de Cawdor. Mais c'est étrange. Souvent, pour nous attirer à notre perte, les instruments des ténèbres nous disent des vérités ; ils nous séduisent par d'innocentes baga-telles, pour nous pousser en traîtres aux conséquences les plus profondes. *(A Ross et à Angus.)* Cousins, un mot, je vous prie !

MACBETH, *à part*. – Deux vérités ont été dites, heureux pro-logues à ce drame gros d'un dénouement impérial. *(A Ross et à Angus.)* Merci, messieurs ! *(A part.)* Cette sollicitation surnaturelle ne peut être mauvaise, ne peut être bonne... Si elle est mauvaise, pourquoi m'a-t-elle donné un gage de suc-cès, en commençant par une vérité ? Je suis thane de Caw-dor... Si elle est bonne, pourquoi cédé-je à une suggestion dont l'épouvantable image fait que mes cheveux se dressent et que mon cœur si ferme se heurte à mes côtes, malgré les lois de la nature ? L'inquiétude présente est moindre que l'horreur imaginaire. Ma pensée, où le meurtre n'est encore que fantastique, ébranle à ce point ma faible nature d'homme que ses fonctions sont paralysées par une conjecture ; et rien n'est pour moi que ce qui n'est pas.

BANQUO. – Voyez comme notre compagnon est absorbé.

MACBETH, *à part*. – Si la chance veut me faire roi, eh bien ! la chance peut me couronner sans que je m'en mêle.

BANQUO. – Les honneurs nouveaux se posent sur lui comme des vêtements encore étrangers : ils n'adhéreront à leur moule que par l'usage.

MACBETH, *à part*. – Advienne que pourra ! Le temps et l'occasion passent à travers la plus orageuse journée.

BANQUO. – Digne Macbeth, nous attendons votre bon plaisir.

MACBETH, *à Ross et à Angus*. – Excusez-moi : mon sombre cerveau était travaillé par des choses oubliées. Bons seigneurs, vos services sont consignés sur un registre dont je tourne chaque jour la feuille pour les lire. Allons vers le roi. *(A Banquo.)* Pensez à ce qui est arrivé ; et, dans quelque temps, après un intérim de réflexions, nous nous parlerons l'un à l'autre à cœur ouvert.

BANQUO. – Très volontiers.

MACBETH. – Jusque-là, assez !... Allons, amis ! *(Ils sortent.)*

SCÈNE IV

Forres. – Une chambre dans le palais. Fanfare.

Entrent LE ROI DUNCAN, MALCOLM, DONALBAIN, LENOX *et leur suite.*

DUNCAN. – A-t-on exécuté Cawdor ? Est-ce que ceux de la commission ne sont pas encore de retour ?

MALCOLM. – Mon suzerain, ils ne sont pas encore revenus ; mais j'ai parlé à quelqu'un qui l'a vu mourir. D'après son rapport, Cawdor a très franchement avoué sa trahison, imploré le pardon de Votre Altesse et montré un profond repentir ; rien dans sa vie ne l'honore plus que la façon dont il l'a quittée : il est mort en homme qui s'était étudié à mourir, jetant son bien le plus précieux comme un futile colifichet.

DUNCAN. – Il n'y a pas d'art pour découvrir sur le visage les dispositions de l'âme : c'était un gentilhomme sur qui j'avais fondé une confiance absolue... Oh ! mon noble cousin !

Entrent Macbeth, Banquo, Ross et Angus.

(A Macbeth.) Le péché de mon ingratitude me pesait déjà. Tu es si loin en avant que la reconnaissance volant à tire-d'aile est lente à te rattraper. Que n'as-tu mérité moins ! Une juste proportion de remerciements et de récompenses m'eût été possible. Tout ce qui me reste à dire, c'est qu'il t'est dû plus que je ne puis te payer.

MACBETH. – L'obéissance et la loyauté que je vous dois se payent elles-mêmes en agissant. Le rôle de Votre Altesse est de recevoir nos devoirs ; et nos devoirs sont, pour votre trône et pour l'État, des enfants, des serviteurs, qui ne font que le juste en faisant tout consciencieusement pour votre bonheur et votre gloire.

DUNCAN, *à Macbeth.* – Sois le bienvenu ici ! Je viens de te planter, et je travaillerai à te faire parvenir à la plus haute croissance. *(A Banquo.)* Noble Banquo, toi qui n'as pas moins mérité, et dont les services doivent être également reconnus, laisse-moi t'embrasser et te tenir sur mon cœur.

BANQUO. – Si j'y jette racine, la récolte est pour vous.

DUNCAN. – Ma joie exubérante, débordant dans sa pléni-tude, cherche à se déguiser en larmes de tristesse. Mes fils, mes parents, vous, thanes, et vous, les plus près d'eux en dignité, sachez que nous voulons léguer notre empire à notre aîné, Malcolm, que nous nommons désormais prince de Cumberland. Ces honneurs, à lui conférés, ne doivent pas être isolés ; mais les signes nobiliaires brilleront, comme des étoiles, sur tous ceux qui les méritent. Partons pour Inver-ness, et attachez-nous plus étroitement à vous.

MACBETH. – Le loisir que je n'emploie pas pour vous est fatigue. Je serai moi-même votre courrier, et je rendrai joyeuse ma femme à l'annonce de votre approche. Sur ce, je prends humblement congé de vous.

DUNCAN. – Mon digne Cawdor !

MACBETH, *à part*. – Le prince de Cumberland ! Voilà une marche que je dois franchir sous peine de faire une chute, car elle est en travers de mon chemin. Étoiles, cachez vos feux ! Que la lumière ne voie pas mes sombres et profonds désirs ! Que l'œil se ferme sur le geste ! Et pourtant puissé-je voir accomplie la chose dont l'œil s'effraye ! *(Il sort.)*

DUNCAN. – C'est vrai, digne Banquo : il est aussi vaillant que tu le dis. Je me nourris des éloges qu'il reçoit ; c'est un banquet pour moi. Suivons-le, lui dont le zèle nous a devancé pour nous préparer la bienvenue. C'est un parent sans égal. *(Fanfares. Ils sortent.)*

SCÈNE V

Inverness. – Une salle dans le château de Macbeth.

Entre LADY MACBETH, *lisant une lettre.*

LADY MACBETH. – « ... Elles sont venues à ma rencontre au jour du succès, et j'ai appris par la plus complète révélation qu'elles ont en elles une connaissance plus qu'humaine. Quand je brûlais du désir de les questionner plus à fond, elles sont devenues l'air même, dans lequel elles se sont évanouies. J'étais encore ravi par la surprise quand sont arrivés des messagers du roi, qui m'ont proclamé thane de Cawdor, titre dont venaient de me saluer les sœurs fatidiques en m'ajournant aux temps à venir par ces mots : *Salut à toi, qui seras roi !* J'ai trouvé bon de te confier cela, compagne chérie de ma grandeur, afin que tu ne perdes pas ta part légitime de joie, dans l'ignorance de la grandeur qui t'est promise. Garde cela dans ton cœur, et adieu ! »

Tu es Glamis et Cawdor, et tu seras ce qu'on t'a promis...
Mais je me défie de ta nature : elle est trop pleine du lait de
la tendresse humaine pour que tu saisisses le plus court chemin. Tu veux bien être grand ; tu as de l'ambition, mais
pourvu qu'elle soit sans malaise. Ce que tu veux hautement,
tu le veux saintement : tu ne voudrais pas tricher, et tu voudrais bien mal gagner. Ton but, noble Glamis, te crie : « Fais
cela pour m'atteindre. » Et cela, tu as plutôt peur de le faire
que désir de ne pas le faire. Accours ici, que je verse mes
esprits dans ton oreille, et que ma langue valeureuse chasse
tout ce qui t'écarte du cercle d'or dont le destin et une puissance surnaturelle semblent t'avoir couronné !

Entre un serviteur.

Quelles nouvelles apportez-vous ?

LE SERVITEUR. – Le roi arrive ici ce soir.

LADY MACBETH. – Tu es fou de dire cela. Est-ce que ton
maître n'est pas avec lui ? Si cela était, il m'aurait avertie de
faire des préparatifs.

LE SERVITEUR. – La chose est certaine, ne vous en dé-
plaise ! Notre thane approche ; il s'est fait devancer par un
de mes camarades, qui, presque mort d'essoufflement, a eu
à peine la force d'accomplir son message.

LADY MACBETH. – Qu'on prenne soin de lui ! il apporte une
grande nouvelle. *(Le serviteur sort.)* Le corbeau lui-même s'est
enroué à croasser l'entrée fatale de Duncan sous mes créneaux. Venez, venez, esprits qui assistez les pensées meurtrières ! Désexez-moi ici, et, du crâne au talon, remplissez-
moi toute de la plus atroce cruauté ; épaississez mon sang ;
fermez en moi tout accès, tout passage au remords. Qu'aucun
retour compatissant de la nature n'ébranle ma volonté farouche et ne s'interpose entre elle et l'exécution ! Venez à mes
mamelles de femme, et changez mon lait en fiel, vous, ministres du meurtre, quel que soit le lieu où, invisibles substances,
vous aidiez à la violation de la nature. Viens, nuit épaisse, et

enveloppe-toi de la plus sombre fumée de l'enfer : que mon couteau aigu ne voie pas la blessure qu'il va faire ; et que le ciel ne puisse pas poindre à travers le linceul des ténèbres et me crier : « Arrête ! arrête ! »

Entre Macbeth.

Grand Glamis ! digne Cawdor ! plus grand que tout cela par le salut futur ! Ta lettre m'a transportée au-delà de ce présent ignorant, et je ne sens plus dans l'instant que l'avenir.

MACBETH. – Mon cher amour, Duncan arrive ici ce soir.

LADY MACBETH. – Et quand repart-il ?

MACBETH. – Demain... C'est son intention.

LADY MACBETH. – Oh ! jamais le soleil ne verra ce demain !... Votre visage, mon thane, est comme un livre où les hommes peuvent lire d'étranges choses. Pour tromper le monde, paraissez comme le monde : ayez la cordialité dans le regard, dans le geste, dans la voix ; ayez l'air de la fleur innocente, mais soyez le serpent qu'elle couvre... Il faut pourvoir à celui qui va venir ; et c'est moi que vous chargerez de dépêcher la grande affaire de cette nuit, qui, pour toutes les nuits et tous les jours à venir, nous assurera une autocratie souveraine et l'empire absolu.

MACBETH. – Nous en reparlerons.

LADY MACBETH. – Ayez seulement le front serein : il faut toujours craindre de changer de visage. Pour le reste, laissez-moi faire. *(Ils sortent.)*

SCÈNE VI

Inverness. – Devant le château. Hautbois.

Les serviteurs de MACBETH *font la haie. Entrent* LE ROI DUNCAN, MALCOLM, DONALBAIN, BANQUO, LENOX, MACDUFF, ROSS, ANGUS *et la suite.*

DUNCAN. – La situation de ce château est charmante ; l'air se recommande légèrement et doucement à nos sens délicats.

BANQUO. – Cet hôte de l'été, le martinet familier des temples, prouve, par sa chère résidence, que l'haleine du ciel a ici des caresses embaumées : pas de saillie, de frise, d'arc-boutant, de coin favorable, où cet oiseau n'ait suspendu son lit et son berceau fécond ! J'ai observé qu'où cet oiseau habite et multiplie, l'air est très pur.

Entre lady Macbeth.

DUNCAN. – Voyez ! voyez ! Notre hôtesse honorée ! L'amour qui nous poursuit a beau nous déranger parfois : il a toujours nos remerciements, comme amour. C'est vous dire qu'il vous faut demander à Dieu de nous bénir pour vos peines, et nous remercier de vous déranger.

LADY MACBETH. – Tous nos services, fussent-ils en tout point doublés et quadruplés, seraient une pauvre et solitaire offrande, opposés à cette masse profonde d'honneurs dont Votre Majesté accable notre maison. Vos bienfaits passés et les dignités récentes que vous y avez ajoutées font de nous des ermites voués à prier pour vous.

DUNCAN. – Où est le thane de Cawdor ? Nous courions après lui, dans l'intention d'être son maréchal des logis, mais il est bon cavalier, et son grand amour, aussi excitant que l'éperon, l'a amené avant nous chez lui. Belle et noble hôtesse, nous sommes votre hôte cette nuit.

LADY MACBETH. – Vos serviteurs tiennent leur existence même et tout ce qui est à eux pour un dépôt dont ils doivent compte à Votre Altesse, afin de lui rendre toujours ce qui lui est dû.

DUNCAN. – Donnez-moi votre main ; conduisez-moi à mon hôte. Nous l'aimons grandement, et nous lui continuerons nos faveurs. Hôtesse, avec votre permission ! *(Ils sortent.)*

SCÈNE VII

Une chambre dans le château.

Hautbois et torches. UN ÉCUYER *tranchant et* DES VALETS, *faisant le service et portant des plats, entrent et traversent le théâtre. Puis entre* MACBETH.

MACBETH. – Si, une fois fait, c'était fini, il serait bon que ce fût vite fait. Si l'assassinat pouvait entraver les conséquences, et par son accomplissement assurer le succès ; si ce coup pouvait être tout et la fin de tout, ici-bas, rien qu'ici-bas, sur le sable mouvant de ce monde, je me jetterais tête baissée dans la vie à venir. Mais ces actes-là trouvent toujours ici-bas leur sentence. Les leçons sanglantes que nous enseignons reviennent, une fois apprises, châtier le précepteur. La justice à la main impartiale présente le calice empoisonné par nous à nos propres lèvres... Il est ici sous une double sauvegarde. D'abord, je suis son parent et son sujet : deux raisons puissantes contre l'action ; ensuite, je suis son hôte : à ce titre, je devrais fermer la porte au meurtrier, et non porter moi-même le couteau. Et puis, ce Duncan a usé si doucement de son pouvoir, il a été si pur dans ses hautes fonctions, que ses vertus emboucheraient la trompette des anges pour dénoncer le crime damné qui l'aurait fait disparaître ; et la pitié, pareille à un nouveau-né tout nu chevauchant sur l'ouragan, ou à un chérubin céleste qui monte les coursiers invisibles de l'air, soufflerait l'horrible action dans les yeux de tous, jusqu'à noyer le vent dans un déluge de larmes... Je n'ai, pour presser les flancs de ma volonté, que l'éperon d'une ambition qui prend trop d'élan et se laisse désarçonner...

Entre lady Macbeth.

Eh bien ! quoi de nouveau ?

LADY MACBETH. – Il a presque soupé... Pourquoi avez-vous quitté la salle ?

MACBETH. – M'a-t-il demandé ?

LADY MACBETH. – Ne le savez-vous pas ?

MACBETH. – Nous n'irons pas plus loin dans cette affaire. Il vient de m'honorer ; et j'ai acheté de toutes les classes du peuple une réputation dorée qu'il convient de porter maintenant dans l'éclat de sa fraîcheur, et non de jeter sitôt de côté.

LADY MACBETH. – Était-elle donc ivre, l'espérance dans laquelle vous vous drapiez ? s'est-elle endormie depuis ? et ne fait-elle que se réveiller pour verdir et pâlir ainsi devant ce qu'elle contemplait si volontiers ? Désormais je ferai le même cas de ton amour. As-tu peur d'être dans tes actes et dans ta résolution le même que dans ton désir ? Voudrais-tu avoir ce que tu estimes être l'ornement de la vie, et vivre couard dans ta propre estime, laissant un *je n'ose pas* suivre un *je voudrais*, comme le pauvre chat de l'adage ?

MACBETH. – Paix ! je te prie. J'ose tout ce qui sied à un homme : qui ose au-delà n'en est plus un.

LADY MACBETH. – Quelle est donc la bête qui vous a poussé à me révéler cette affaire ? Quand vous l'avez osé, vous étiez un homme ; maintenant, soyez plus que vous n'étiez, vous n'en serez que plus homme. Ni l'occasion, ni le lieu ne s'offraient alors, et vous vouliez pourtant les créer tous deux. Ils se sont créés d'eux-mêmes, et voilà que leur concours vous anéantit. J'ai allaité, et je sais combien j'aime tendrement le petit qui me tète : eh bien ! au moment où il souriait à ma face, j'aurais arraché le bout de mon sein de ses gencives sans os, et lui aurais fait jaillir la cervelle, si je l'avais juré comme vous avez juré ceci !

MACBETH. – Si nous allions échouer ?

LADY MACBETH. – Nous, échouer ! Chevillez seulement votre courage au point résistant, et nous n'échouerons pas.

Lorsque Duncan sera endormi (et le rude voyage d'aujour-d'hui va l'inviter bien vite à un somme profond), j'aurai raison de ses deux chambellans avec du vin et de l'ale, à ce point que la mémoire, gardienne de leur cervelle, ne sera que fumée, et le récipient de leur raison qu'un alambic. Quand le sommeil du porc tiendra gisant, comme une mort, leur être submergé, que ne pourrons-nous, vous et moi, exécuter sur Duncan sans défense ? Que ne pourrons-nous imputer à ses officiers, placés là, comme des éponges, pour absorber le crime de ce grand meurtre ?

MACBETH. – Ne mets au monde que des enfants mâles ! car ta nature intrépide ne doit former que des hommes... Ne sera-t-il pas admis par tous, quand nous aurons marqué de sang ses deux chambellans endormis et employé leurs pro-pres poignards, que ce sont eux qui ont fait la chose ?

LADY MACBETH. – Qui osera admettre le contraire, quand nous ferons rugir notre douleur et nos lamentations sur sa mort ?

MACBETH. – Me voilà résolu : je vais tendre tous les res-sorts de mon être vers cet acte terrible. Allons ! et jouons notre monde par la plus sereine apparence. Un visage faux doit cacher ce que sait un cœur faux. *(Ils sortent.)*

ACTE II

SCÈNE PREMIÈRE

Inverness. – Cour dans l'intérieur du château.

Entrent BANQUO *et* FLÉANCE *portant un flambeau.*

BANQUO. – Où en est la nuit, enfant ?

FLÉANCE. – La lune est couchée ; je n'ai pas entendu l'horloge.

BANQUO. – Et elle se couche à minuit.

FLÉANCE. – Je conclus qu'il est plus tard, monsieur.

BANQUO. – Tiens ! prends mon épée... Le ciel fait de l'économie : il a éteint toutes ses chandelles... Emporte ça aussi. La sommation de la fatigue pèse sur moi comme du plomb, et pourtant je ne voudrais pas dormir. Puissances miséricordieuses, réprimez en moi les pensées maudites auxquelles notre nature donne accès dans le repos !... Donnez-moi mon épée.

Entrent Macbeth et un serviteur qui porte un flambeau.

Qui va là ?

MACBETH. – Un ami.

BANQUO. – Quoi ! monsieur, pas encore au lit ! Le roi est couché. Il a été d'une bonne humeur rare, et il a fait de grandes largesses à vos gens. Il présente ce diamant à votre

25

femme, comme à la plus aimable hôtesse ; et il s'est retiré dans un contentement inexprimable.

MACBETH. – Prise à l'improviste, notre hospitalité a été assujettie à l'insuffisance ; sans cela, elle se fût exercée largement.

BANQUO. – Tout est bien... J'ai rêvé, la nuit dernière, des trois sœurs fatidiques... Pour vous, elles se sont montrées assez véridiques.

MACBETH. – Je n'y pense plus. Cependant, quand nous aurons une heure à notre service, nous échangerons quelques mots sur cette affaire, si vous y consentez.

BANQUO. – A votre convenance.

MACBETH. – Si vous adhérez à mes vues, le moment venu... Vous y gagnerez de l'honneur.

BANQUO. – Pourvu que je ne le perde pas en cherchant à l'augmenter, et que je garde toujours ma conscience libre et ma loyauté nette, je me laisse conseiller.

MACBETH. – Bonne nuit, en attendant !

BANQUO. – Merci, monsieur ! Même souhait pour vous ! *(Sortent Banquo et Fléance.)*

MACBETH, *au serviteur.* – Va dire à ta maîtresse que, quand ma boisson sera prête, elle frappe sur la cloche. Va te mettre au lit. *(Sort le serviteur.)* Est-ce un poignard que je vois là devant moi, la poignée vers ma main ? Viens, que je te saisisse ! Je ne te tiens pas, et pourtant je te vois toujours. N'es-tu pas, vision fatale, sensible au toucher, comme à la vue ? ou n'es-tu qu'un poignard imaginaire, fausse création émanée d'un cerveau en feu ? Je te vois pourtant, aussi palpable en apparence que celui que je tire en ce moment. Tu m'indiques le chemin que j'allais prendre, et tu es bien l'instrument que j'allais employer. Ou mes yeux sont les jouets de mes autres sens, ou seuls ils les valent tous. Je te vois toujours, et, sur ta lame et sur ton manche, des gouttes de sang qui n'y étaient pas tout à l'heure... Mais non, rien de pareil ! C'est cette sanglante affaire qui prend forme ainsi à ma vue... Maintenant, sur la moitié de ce monde, la nature semble morte, et les mauvais rêves abusent le sommeil sous ses rideaux ; maintenant, la sorcellerie offre ses sacrifices à la pâle Hécate ; et le meurtre hâve, éveillé en sursaut par le loup, sa sentinelle, dont le hurlement est son cri d'alerte, s'avance ainsi d'un pas furtif, avec les allures du ravisseur Tarquin, et marche à son projet comme un spectre... Toi, terre solide et ferme, n'entends point mes pas, quelque chemin qu'ils prennent, de peur que les pierres mêmes ne jasent de mon approche, et ne retirent à ce moment la muette horreur qui lui va si bien !... Tandis que je menace, l'autre vit. Les mots jettent un souffle trop froid sur le feu de l'action. *(La cloche sonne.)* J'y vais, et c'est fait : la cloche m'invite. Ne l'entends pas, Duncan, car c'est le glas qui t'appelle au ciel ou en enfer. *(Il sort.)*

SCÈNE II

Entre LADY MACBETH.

LADY MACBETH. – Ce qui les a rendus ivres m'a rendue hardie. Ce qui les a éteints m'a enflammée. Écoutez ! paix !... C'est le hibou qui a crié, fatal carillonneur qui donne le plus sinistre bonsoir... Il est à l'œuvre ! Les portes sont ouvertes, et les grooms gorgés narguent leur office par des ronflements : j'ai drogué leur potion du soir, si bien que la mort et la nature disputent entre elles s'ils vivent ou s'ils meurent.

MACBETH, *apparaissant au fond du théâtre.* – Qui est là ?... Holà ! *(Il disparaît.)*

LADY MACBETH. – Hélas ! j'ai peur qu'ils ne se soient éveillés et que ce ne soit pas fait : la tentative, sans le succès, nous perd. Écoutons... J'avais disposé leurs poignards : il a dû forcément les trouver... S'il n'avait pas ressemblé dans son sommeil à mon père, j'aurais fait la chose... Mon mari !

Entre Macbeth.

MACBETH. – J'ai fait l'action... N'as-tu pas entendu un bruit ?

LADY MACBETH. – J'ai entendu le hibou huer et le grillon crier. N'avez-vous pas parlé ?

MACBETH. – Quand ?

LADY MACBETH. – A l'instant même.

MACBETH. – Quand je descendais ?

LADY MACBETH. – Oui.

MACBETH. – Écoute ! Qui couche dans la seconde chambre ?

LADY MACBETH. – Donalbain.

MACBETH, *regardant ses mains*. – Voilà un triste spectacle !

LADY MACBETH. – Niaise idée de dire : « Triste spectacle ! »

MACBETH. – Il y en a un qui a ri dans son sommeil et un qui a crié : « Au meurtre ! » Si bien qu'ils se sont éveillés l'un l'autre. Je me suis arrêté en les écoutant ; mais ils ont dit leurs prières, et se sont remis à dormir.

LADY MACBETH. – Ils sont tous deux logés ensemble.

MACBETH. – L'un a crié : « Dieu nous bénisse ! » et l'autre : « Amen » comme s'ils m'avaient vu avec ces mains de bourreau. Écoutant leur frayeur, je n'ai pu dire : « Amen » quand ils ont dit : « Dieu nous bénisse ! »

LADY MACBETH. – Ne vous préoccupez pas tant de cela.

MACBETH. – Mais pourquoi n'ai-je pas pu prononcer « amen » ? J'avais le plus grand besoin de bénédiction, et le mot « amen » s'est arrêté dans ma gorge !

LADY MACBETH. – On ne doit pas penser à ces actions-là de cette façon ; ce serait à nous rendre fous.

MACBETH. – Il m'a semblé entendre une voix crier : « Ne

dors plus ! Macbeth a tué le sommeil ! » Le sommeil innocent, le sommeil qui démêle l'écheveau embrouillé du souci, le sommeil, mort de la vie de chaque jour, bain du labeur douloureux, baume des âmes blessées, second service de la grande nature, aliment suprême du banquet de la vie !

Lady Macbeth. – Que voulez-vous dire ?

Macbeth. – Et cette voix criait toujours par toute la maison : « Ne dors plus ! Glamis a tué le sommeil ; et aussi Cawdor ne dormira plus, Macbeth ne dormira plus ! »

Lady Macbeth. – Qui donc criait ainsi ? Ah ! digne thane, vous ébranlez votre noble énergie par ces réflexions d'un cerveau malade. Allez chercher de l'eau, et lavez votre main de cette tache accusatrice. Pourquoi n'avez-vous pas laissé à leur place ces poignards ? Il faut qu'ils restent là-haut : allez les reporter ; et barbouillez de sang les chambellans endormis.

Macbeth. – Je n'irai plus ; j'ai peur de penser à ce que j'ai fait. Regarder cela encore ! je n'ose pas !

Lady Macbeth. – Faible de volonté ! Donne-moi les poignards. Les dormants et les morts ne sont que des images ; c'est l'œil de l'enfance qui s'effraye d'un diable peint. S'il saigne, je dorerai de son sang la figure de ses gens, car il faut qu'ils semblent coupables. *(Elle sort. On entend frapper derrière le théâtre.)*

Macbeth. – De quel côté frappe-t-on ? Dans quel état suis-je donc, que le moindre bruit m'épouvante ? *(Regardant ses mains.)* Quelles sont ces mains-là ? Ah ! elles m'arrachent les yeux ! Tout l'océan du grand Neptune suffira-t-il à laver ce sang de ma main ? Non ! C'est plutôt ma main qui donnerait son incarnat aux vagues innombrables, en faisant de l'eau verte un flot rouge.

Rentre lady Macbeth.

Lady Macbeth. – Mes mains ont la couleur des vôtres ; mais j'aurais honte d'avoir le cœur aussi blême. *(On frappe.)*

J'entends frapper à l'entrée du sud. Retirons-nous dans notre chambre. Un peu d'eau va nous laver de cette action. Comme c'est donc aisé ! Votre résolution vous a laissé en route. *(On frappe.)* Écoutez ! on frappe encore. Mettez votre robe de nuit, de peur qu'un accident ne nous appelle et ne montre que nous avons veillé. Ne vous perdez pas si misérablement dans vos pensées.

MACBETH. – Connaître ce que j'ai fait ! Mieux vaudrait ne plus me connaître ! *(On frappe.)* Éveille Duncan avec ton tapage ! Je voudrais que tu le pusses. *(Ils sortent.)*

SCÈNE III

Entre UN PORTIER. *On frappe derrière le théâtre.*

LE PORTIER. – Voilà qui s'appelle frapper ! Un homme qui serait portier de l'enfer serait habitué à tourner la clef. *(On frappe.)* Frappe, frappe, frappe !... Qui est là, au nom de Belzébuth ? C'est un fermier qui s'est pendu à force d'attendre une bonne récolte. Il fallait venir à l'heure ; mettez-vous force mouchoirs autour de vous ; car vous allez suer ici pour la peine. *(On frappe.)* Frappe, frappe !... Qui est là, au nom de l'autre diable ? Ma foi ! ce doit être un casuiste qui pouvait jurer indifféremment par un des plateaux contre l'autre, et qui, après avoir commis suffisamment de trahisons pour l'amour de Dieu, n'a pas pu cependant équivoquer avec le ciel. Oh ! entrez, maître casuiste. *(On frappe.)* Frappe, frappe, frappe !... Qui est là ? Ma foi ! c'est un tailleur anglais venu ici pour avoir volé sur un haut-de-chausses français. Entrez, tailleur, vous pourrez chauffer ici votre carreau. *(On frappe.)* Frappe, frappe !... Jamais en repos !... Qui êtes-vous ?... Décidément, cette place est trop froide pour un enfer. Je ne veux plus faire le portier du diable. Je serais censé devoir ouvrir aux gens de toutes professions qui s'en vont par un chemin fleuri de primevères au feu de joie éternel. *(On frappe.)* Tout à l'heure, tout à l'heure ! N'oubliez pas le portier, je vous prie. *(Il ouvre la porte.)*

Macduff et Lenox entrent.

MACDUFF. – Il était donc bien tard, l'ami, quand tu t'es mis au lit, que tu restes couché si tard ?

LE PORTIER. – Ma foi ! monsieur, nous avons fait des libations jusqu'au second chant du coq ; et le boire, monsieur, est le grand provocateur de trois choses.

MACDUFF. – Quelles sont les trois choses que le boire provoque spécialement ?

LE PORTIER. – Dame ! monsieur, le nez rouge, le sommeil et l'urine. Quant à la paillardise, monsieur, il la provoque et la réprime : il provoque le désir et empêche l'exécution. On peut donc dire que le boire excessif est le casuiste de la paillardise : il la crée et la détruit ; il l'excite et la dissipe ; il la stimule et la décourage ; il la met en train et pas en train ; pour conclusion, il la mène à un sommeil équivoque et l'abandonne en lui donnant le démenti.

MACDUFF. – Je crois que le boire t'a donné un démenti la nuit dernière.

LE PORTIER. – Oui, monsieur, un démenti par la gorge ; mais je le lui ai bien rendu : car, étant, je crois, plus fort que lui, bien qu'il m'ait tenu quelque temps les jambes, j'ai trouvé moyen de m'en débarrasser.

MACDUFF. – Ton maître est-il levé ? Nos coups de marteau l'ont éveillé. Le voici.

Macbeth entre.

LENOX. – Bonjour, noble seigneur !

MACBETH. – Bonjour à tous deux !

MACDUFF. – Le roi est-il levé, digne thane ?

MACBETH. – Pas encore.

MACDUFF. – Il m'a ordonné de venir le voir de bon matin ; j'ai presque laissé échapper l'heure.

MACBETH. – Je vais vous mener à lui.

MACDUFF. – C'est un dérangement plein de charme pour vous, je le sais ; mais pourtant c'en est un.

MACBETH. – Le plaisir d'un travail en guérit la peine. Voici la porte.

MACDUFF. – Je prendrai la liberté d'entrer ; car c'est une prescription de mon service. *(Sort Macduff.)*

LENOX. – Le roi s'en va-t-il d'ici aujourd'hui ?

MACBETH. – Oui... Il l'a ainsi décidé.

LENOX. – La nuit a été tumultueuse. Là où nous couchions, les cheminées ont été renversées par le vent ; on a, dit-on, entendu des lamentations dans l'air ; d'étranges cris de mort et des voix prophétisant avec un accent terrible d'affreux embrasements et des événements confus qui couvent une époque de calamités. L'oiseau obscur a glapi toute la nuit. On dit même que la terre avait la fièvre et a tremblé.

MACBETH. – Ç'a été une rude nuit.

LENOX. – Ma jeune mémoire ne m'en rappelle pas une pareille.

Rentre Macduff.

MACDUFF. – Ô horreur ! horreur ! horreur ! Il n'est ni langue ni cœur qui puisse te concevoir ou te nommer !

MACBETH et LENOX. – Qu'y a-t-il ?

MACDUFF. – Le chaos vient de faire son chef-d'œuvre. Le meurtre le plus sacrilège a ouvert par effraction le temple sacré du Seigneur et en a volé la vie qui l'animait.

MACBETH. – Que dites-vous ? la vie ?

LENOX. – Voulez-vous parler de Sa Majesté ?

MACDUFF. – Entrez dans la chambre, et aveuglez-vous devant une nouvelle Gorgone... Ne me dites pas de parler ;

voyez, et alors parlez vous-mêmes. *(Sortent Macbeth et Lenox.)* Éveillez-vous ! éveillez-vous ! Sonnez la cloche d'alarme... Au meurtre ! trahison !... Banquo ! Donalbain ! Malcolm ! éveillez-vous ! Secouez sur le duvet ce sommeil, contrefaçon de la mort, et regardez la mort elle-même... Debout, debout ! et voyez l'image du jugement dernier... Malcolm ! Banquo ! levez-vous comme de vos tombeaux, et avancez comme des spectres pour être à l'avenant de cette horreur !... Sonnez la cloche. *(La cloche sonne.)*

Entre lady Macbeth.

LADY MACBETH. – Que se passe-t-il ? Pourquoi cette fanfare sinistre convoque-t-elle les dormeurs de la maison ? Parlez ! parlez !

MACDUFF. – Ô gentille dame ! vous n'êtes pas faite pour entendre ce que je puis dire... Ce récit, fait à l'oreille d'une femme, la blesserait mortellement.

Entre Banquo.

Ô Banquo ! Banquo ! notre royal maître est assassiné !

LADY MACBETH. – Quel malheur ! hélas ! dans notre maison !

BANQUO. – Malheur trop cruel, n'importe où. Cher Duff, démens-toi, par grâce ! et dis que cela n'est pas.

Rentrent Macbeth et Lenox.

MACBETH. – Que ne suis-je mort une heure avant cet événement ! j'aurais eu une vie bénie. Dès cet instant, il n'y a plus rien de sérieux dans ce monde mortel : tout n'est que hochet. La gloire et la grâce sont mortes ; le vin de la vie est tiré, et la lie seule reste à cette cave pompeuse.

Entrent Malcolm et Donalbain.

DONALBAIN. – Quel malheur y a-t-il ?

MACBETH. – Vous existez, et vous ne le savez pas ! La fontaine primitive et suprême de votre sang est tarie, tarie dans sa source.

MACDUFF. – Votre royal père est assassiné.

MALCOLM. – Oh ! par qui ?

LENOX. – Par les gens de sa chambre, suivant toute apparence. Leurs mains et leurs visages étaient tout empourprés de sang, ainsi que leurs poignards que nous avons trouvés, non essuyés, sur leur oreiller. Ils avaient l'œil fixe, et étaient effarés. A les voir, on ne leur eût confié la vie de personne.

MACBETH. – Oh ! pourtant je me repens du mouvement de fureur qui me les a fait tuer !

MACDUFF. – Pourquoi les avez-vous tués ?

MACBETH. – Qui peut être sage et éperdu, calme et furieux, loyal et neutre à la fois ? Personne. La précipitation de mon dévouement violent a devancé la raison plus lente. Ici gisait Duncan ; sa peau argentine était lamée de son sang vermeil, et ses blessures béantes semblaient une brèche à la nature faite pour l'entrée dévastatrice de la ruine. Là étaient les meurtriers, teints des couleurs de leur métier, leurs poignards ayant une gaine monstrueuse de caillots. Quel est donc l'être qui, ayant un cœur pour aimer et du courage au cœur, eût pu s'empêcher de prouver alors son amour ?

LADY MACBETH. – A l'aide ! Emmenez-moi d'ici.

MACDUFF. – Prenez soin de madame.

MALCOLM, *à part, à Donalbain*. – Pourquoi gardons-nous le silence, nous qui avons tout droit de revendiquer cette cause comme la nôtre ?

DONALBAIN, *à part, à Malcolm*. – Pourquoi parlerions-nous ici où la fatalité, cachée dans un trou de vrille, peut se ruer sur nous et nous accabler ? Fuyons ! Nos larmes ne sont pas encore brassées.

MALCOLM, *à part, à Donalbain*. – Et notre désespoir n'est pas en mesure d'agir.

BANQUO. – Prenez soin de madame. *(On emporte lady Mac-*

beth.) Puis quand nous aurons couvert nos frêles nudités, ainsi exposées à un froid dangereux, réunissons-nous, et questionnons ce sanglant exploit pour le mieux connaître. Les craintes et les doutes nous agitent. Moi, je me mets dans la main immense de Dieu, et de là je combats les prétentions encore ignorées d'une criminelle trahison.

MACDUFF. – Et moi aussi.

TOUS. – Et nous tous.

MACBETH. – Revêtons vite un appareil viril, et réunissons-nous dans la grande salle.

TOUS. – C'est convenu. *(Tous sortent, excepté Malcolm et Donalbain.)*

MALCOLM. – Que voulez-vous faire ? Ne nous associons pas avec eux : faire montre d'une douleur non sentie est un rôle aisé pour l'homme faux. J'irai en Angleterre.

DONALBAIN. – Moi, en Irlande. En séparant nos fortunes, nous serons plus en sûreté. Où nous sommes, il y a des poignards dans les sourires : le plus près de notre sang est le plus près de le verser.

MALCOLM. – La flèche meurtrière qui a été lancée n'a pas encore atteint le but ; et le parti le plus sûr pour nous est de nous mettre hors de portée. Ainsi, à cheval ! Ne soyons pas scrupuleux sur les adieux, mais esquivons-nous. Le vol qui consiste à se dérober est permis quand il n'y a plus de merci à attendre. *(Ils sortent.)*

SCÈNE IV

Inverness. – Aux abords du château.

Entrent ROSS *et* UN VIEILLARD.

LE VIEILLARD. – J'ai la mémoire nette de soixante-dix années ; dans l'espace de ce temps, j'ai vu des heures terribles et des choses étranges ; mais cette nuit sinistre rend puéril tout ce que j'ai vu.

ROSS. – Ah ! bon père, tu le vois, les cieux, troublés par l'acte de l'homme, en menacent le sanglant théâtre. D'après l'horloge, il est jour, et pourtant une nuit noire étouffe le flambeau voyageur. Est-ce le triomphe de la nuit ou la honte du jour qui fait que les ténèbres ensevelissent la terre, quand la lumière vivante devrait la baiser au front ?

LE VIEILLARD. – Cela est contre nature, comme l'action qui a été commise. Mardi dernier, un faucon, planant dans toute la fierté de son essor, a été saisi au vol et tué par un hibou chasseur de souris.

ROSS. – Et, chose étrange et certaine, les chevaux de Duncan, si beaux, si agiles, ces mignons de leur race, sont redevenus sauvages, ont brisé leurs stalles, et se sont échappés, résistant à toute obéissance comme s'ils allaient faire la guerre à l'homme.

LE VIEILLARD. – On dit qu'ils se sont mangés.

ROSS. – Oui, au grand étonnement de mes yeux. Je l'ai vu. Voici le bon Macduff.

Entre Macduff.

Comment va le monde à présent, monsieur ?

MACDUFF. – Quoi ! ne le voyez-vous pas ?

ROSS. – Sait-on qui a commis cette action plus que sanglante ?

MACDUFF. – Ceux que Macbeth a tués.

ROSS. – Hélas ! à quel avantage pouvaient-ils prétendre ?

MACDUFF. – Ils ont été subornés, Malcolm et Donalbain, les deux fils du roi, se sont dérobés et enfuis : ce qui jette sur eux les soupçons.

ROSS. – Encore une chose contre nature ! Ô ambition désordonnée, qui dévores ainsi la suprême ressource de ta propre existence !... Alors, il est probable que la souveraineté va échoir à Macbeth.

MACDUFF. – Il est déjà proclamé et parti pour Scone, où il doit être couronné.

ROSS. – Où est le corps de Duncan ?

MACDUFF. – Il a été transporté à Colmeskill, au sanctuaire où sont gardés les os de ses prédécesseurs.

ROSS. – Allez-vous à Scone ?

MACDUFF. – Non, cousin, je vais à Fife.

ROSS. – C'est bien, j'irai à Scone.

MACDUFF. – Soit ! Puissiez-vous y voir les choses se bien passer !... Adieu ! J'ai peur que nos manteaux neufs ne soient moins commodes que nos vieux.

ROSS, *au vieillard*. – Adieu, mon père !

LE VIEILLARD. – Que la bénédiction de Dieu soit avec vous et avec tous ceux qui veulent changer le mal en bien et les ennemis en amis ! *(Ils sortent.)*

ACTE III

Forres. – Une salle dans le palais.

Entre BANQUO.

BANQUO. – Roi ! Cawdor ! Glamis ! tu possèdes maintenant tout ce que t'avaient promis les femmes fatidiques ; et j'ai peur que tu n'aies joué dans ce but un jeu bien sinistre. Cependant elles ont dit que ta postérité n'hériterait pas de tout cela, et que, moi, je serais la racine et le père d'une foule de rois. Si la vérité est sortie de leur bouche, ainsi que leurs prophéties sur toi, Macbeth, en sont la preuve éclatante, pourquoi, véridiques à ton égard, ne pourraient-elles pas aussi bien être des oracles pour moi et autoriser mon espoir ? Mais, chut ! taisons-nous.

Fanfares. Entrent Macbeth, en costume de roi, lady Macbeth, en costume de reine, Lenox, Ross, seigneurs, dames et gens de la suite.

MACBETH. – Voici notre principal convive.

LADY MACBETH. – S'il avait été oublié, c'eût été dans cette grande fête un vide qui eût tout déparé.

MACBETH. – Nous donnons ce soir un souper solennel, seigneur ; et j'y sollicite votre présence.

BANQUO. – Que Votre Altesse me commande ! Mon obéissance est pour toujours attachée à elle par des liens indissolubles.

MACBETH. – Montez-vous à cheval cet après-midi ?

BANQUO. – Oui, mon bon seigneur.

MACBETH. – Sans cela nous vous aurions demandé vos avis, qui ont toujours été graves et heureux, en tenant conseil aujourd'hui ; mais nous les prendrons demain. Irez-vous loin ?

BANQUO. – Assez loin, monseigneur, pour remplir le temps d'ici au souper. Si mon cheval ne marche pas très bien, il faudra que j'emprunte à la nuit une ou deux de ses heures sombres.

MACBETH. – Ne manquez pas à notre fête.

BANQUO. – Monseigneur, je n'y manquerai pas.

MACBETH. – Nous apprenons que nos sanguinaires cousins sont réfugiés, l'un en Angleterre, l'autre en Irlande ; pour ne pas avouer leur cruel parricide, ils en imposent à ceux qui les écoutent par des inventions étranges. Mais nous en parlerons demain, ainsi que des affaires d'État, qui réclament également notre réunion. Vite, à cheval, vous ! et adieu jusqu'à votre retour, ce soir ! Fléance va-t-il avec vous ?

BANQUO. – Oui, mon bon seigneur. Le temps nous presse.

MACBETH. – Je vous souhaite des chevaux vifs et sûrs ; et je vous recommande à leurs croupes. Bon voyage ! *(Sort Banquo.)* Que chacun soit maître de son temps jusqu'à sept heures du soir ! Pour que la société n'en soit que mieux venue près de nous, nous resterons seul jusqu'au souper. Jusque-là, que Dieu soit avec vous ! *(Sortent lady Macbeth, les seigneurs, les dames, etc.)* Drôle, un mot ! Ces hommes attendent-ils nos ordres ?

LE SERVITEUR. – Ils sont là, monseigneur, à la porte du palais.

MACBETH. – Amène-les devant nous. *(Sort le serviteur.)* Être ceci n'est rien ; il faut l'être sûrement. Nos craintes se fixent profondément sur Banquo : dans sa royale nature règne tout ce qui est redoutable. Il est homme à oser beaucoup ; et à la trempe intrépide de son âme il joint une sagesse qui guide sa valeur à une action sûre. Il est le seul dont je redoute l'existence, et mon génie est dominé par le sien, comme, dit-on, Marc-Antoine l'était par César. Il a apostrophé les sœurs, quand elles m'ont décerné le nom de roi, et il les a sommées de lui parler. Alors, d'une voix prophétique, elles l'ont salué père d'une lignée de rois ! Elles m'ont placé sur la tête une couronne infructueuse et mis au poing un sceptre stérile, que doit m'arracher une main étrangère, puisque nul fils ne doit me succéder. S'il en est ainsi, c'est pour les enfants de Banquo que j'ai souillé mon âme, pour eux que j'ai assassiné le gracieux Duncan, pour eux que j'ai versé le remords dans la coupe de mon repos, pour eux seuls ! Mon éternel joyau, je l'ai donné à l'ennemi commun du genre humain pour les faire rois ! pour faire rois les rejetons de Banquo ! Ah ! viens plutôt dans la lice, fatalité, et jette-moi un défi à outrance !... Qui est là ?

Rentre le serviteur, suivi de deux assassins.

Maintenant retourne à la porte, et restes-y jusqu'à ce que nous appelions. *(Sort le serviteur.)* N'est-ce pas hier que nous nous sommes parlé ?

PREMIER ASSASSIN. – C'était hier, s'il plaît à Votre Altesse.

MACBETH. – Eh bien ! maintenant, avez-vous réfléchi à mes paroles ? Sachez que c'est lui qui jusqu'ici vous a relégués dans une si humble fortune, tandis que vous en accusiez notre innocente personne. Je vous l'ai démontré dans notre dernier entretien. Je vous ai prouvé comment vous avez été dupés, contrecarrés, quels étaient les instruments, qui les employait, et mille autres choses qui feraient dire à une moitié d'âme, à un entendement fêlé : « Voilà ce qu'a fait Banquo. »

PREMIER ASSASSIN. – Vous nous l'avez fait connaître.

MACBETH. – Oui ; et j'en suis venu ainsi à ce qui est maintenant l'objet de notre seconde entrevue. Croyez-vous la patience à ce point dominante dans votre nature, que vous puissiez laisser passer cela ? Êtes-vous évangéliques au point de prier pour ce brave homme et sa postérité, lui dont la lourde main vous a courbés vers la tombe et à jamais appauvris ?

PREMIER ASSASSIN. – Nous sommes hommes, mon suzerain.

MACBETH. – Oui, vous passez pour hommes dans le catalogue ; de même que les limiers, les lévriers, les métis, les épagneuls, les mâtins, les barbets, les caniches, les chiens-loups sont désignés tous sous le nom de chiens ; mais un classement supérieur distingue le chien agile, le lent, le subtil, le chien de garde, le chien de chasse, chacun selon les qualités que la bienfaisante nature lui a départies et qui lui font donner un titre particulier dans la liste où tous sont communément inscrits. Il en est de même des hommes. Eh bien ! si vous avez une place à part dans le classement, en dehors des rangs infimes de l'humanité, dites-le ; et alors je confierai à vos consciences un projet dont l'exécution fera disparaître votre ennemi et vous attachera notre cœur et notre affection, sa vie nous faisant à nous-même une santé languissante que rétablirait sa mort.

SECOND ASSASSIN. – Je suis un homme, mon suzerain, que les coups avilissants et les rebuffades du monde ont tellement exaspéré, que je ferais n'importe quoi pour braver le monde.

PREMIER ASSASSIN. – Et moi, un homme tellement accablé de désastres, tellement surmené par la fortune, que je jouerais ma vie sur un hasard pour l'améliorer ou la perdre.

MACBETH. – Vous savez tous deux que Banquo était votre ennemi.

SECOND ASSASSIN. – C'est vrai, monseigneur.

MACBETH. – Il est aussi le mien, et avec une si sanglante hostilité que chaque minute de son existence est un coup qui menace ma vie. Je pourrais le balayer de ma vue de vive force, et mettre la chose sur le compte de ma volonté ; mais je ne dois pas le faire, par égard pour plusieurs de mes amis qui sont aussi les siens, et dont je ne puis garder l'affection qu'en pleurant la chute de celui que j'aurai moi-même renversé. Voilà pourquoi je réclame affectueusement votre assistance, voulant masquer l'affaire aux regards de tous, pour maintes raisons puissantes.

SECOND ASSASSIN. – Nous exécuterons, monseigneur, ce que vous nous commanderez.

PREMIER ASSASSIN. – Dussent nos vies...

MACBETH. – Votre ardeur rayonne en vous. Dans une heure, au plus, je vous désignerai le lieu où vous vous posterez, je vous ferai connaître le meilleur moment pour l'embuscade, l'instant suprême. Il faut que ce soit fait ce soir, à une certaine distance du palais, avec cette idée constante que j'ai besoin de rester pur. Et (pour qu'il n'y ait ni accroc ni pièce à l'ouvrage) Fléance, son fils, qui l'accompagne, et dont l'absence m'est aussi essentielle que celle du père, devra embrasser, comme lui, la destinée de cette heure sombre. Consultez ensemble vos résolutions ; je reviens à vous dans un instant.

LES DEUX ASSASSINS. – Nous sommes résolus, monseigneur.

MACBETH. – Je vous rejoins immédiatement ; restez dans le palais. L'affaire est conclue... Banquo, si ton âme envolée doit trouver le ciel, elle le trouvera ce soir. *(Ils sortent.)*

SCÈNE II

Une autre salle du palais.

Entrent LADY MACBETH *et* UN SERVITEUR.

LADY MACBETH. – Banquo a-t-il quitté la cour ?

LE SERVITEUR. – Oui, madame, mais il revient ce soir.

LADY MACBETH. – Va prévenir le roi que j'attends son bon plaisir pour lui dire quelques mots.

LE SERVITEUR. – J'y vais, madame. *(Sort le serviteur.)*

LADY MACBETH. – On a dépensé tout pour ne rien avoir, quand on a obtenu son désir sans satisfaction. Mieux vaut être celui qu'on détruit que vivre par sa destruction dans une joie pleine de doutes.

Entre Macbeth.

Qu'avez-vous, monseigneur ? Pourquoi restez-vous seul, faisant vos compagnes des plus tristes rêveries, et nourrissant des pensées qui auraient bien dû mourir avec ceux auxquels elles pensent ? Les choses sans remède ne valent plus la réflexion : ce qui est fait est fait.

MACBETH. – Nous avons entamé, mais non tué, le serpent. Il rejoindra ses tronçons et redeviendra lui-même, et notre haine misérable sera comme auparavant exposée à ses morsures. Mais puissions-nous voir craquer la machine des choses et s'abîmer les deux mondes, plutôt que de manger toujours dans la crainte et de dormir dans l'affliction de ces rêves terribles qui nous agitent chaque nuit ! Mieux vaudrait être avec le mort que nous avons envoyé reposer pour gagner notre place, que d'être soumis par la torture de l'esprit à une infatigable angoisse. Duncan est dans son tombeau : après la fièvre convulsive de cette vie, il dort bien ; la trahison a tout épuisé contre lui ; l'acier, le poison, la perfidie domestique, l'invasion étrangère, rien ne peut le toucher désormais.

LADY MACBETH. – Allons ! mon doux seigneur, déridez ce front renfrogné, soyez serein et enjoué ce soir au milieu de vos convives.

MACBETH. – Je le serai, mon amour ! et vous, soyez de même, je vous prie. Que vos attentions se concentrent sur Banquo ! conférez-lui la prééminence par vos regards et par vos paroles. Temps d'inquiétude, où il nous faut laver nos honneurs au torrent des flatteries, et faire de notre face le masque de notre cœur, pour le déguiser !

LADY MACBETH. – Ne pensez plus à cela.

MACBETH. – Oh ! pleine de scorpions est mon âme, chère femme ! Tu sais que Banquo et son Fléance vivent.

LADY MACBETH. – Mais l'image de l'humanité n'est pas éternelle en eux.

MACBETH. – Oui, il y a là une consolation : ils sont attaquables. Sois donc joyeuse. Avant que la chauve-souris ait fait à tire-d'aile son tour de cloître, avant qu'à l'appel de la noire Hécate l'escarbot aux ailes d'écaille ait de ses bourdonnements sourds sonné le carillon somnolent du soir, il sera fait une action d'un formidable éclat.

LADY MACBETH. – Quelle action ?

MACBETH. – Ah ! chère poule, sois innocente de la confidence jusqu'à ce que tu applaudisses à l'exécution... Viens, noir fauconnier de la nuit, bande les yeux sensibles du jour compatissant, et, de ta main sanglante et invisible, arrache et mets en pièces le fil de cette grande existence qui me fait pâlir !... La lumière s'obscurcit, et le corbeau vole vers son bois favori ; les bonnes créatures du jour commencent à s'assoupir et à dormir, tandis que les noirs agents de la nuit se dressent vers leur proie. Tu t'étonnes de mes paroles ; mais sois tranquille : les choses que le mal a commencées se consolident par le mal. Sur ce, viens avec moi, je t'en prie. (Ils sortent.)

SCÈNE III

Une avenue conduisant à la porte d'entrée du palais.

Entrent TROIS ASSASSINS.

PREMIER ASSASSIN. – Mais qui t'a dit de te joindre à nous ?

TROISIÈME ASSASSIN. – Macbeth.

DEUXIÈME ASSASSIN. – Nous n'avons pas à nous méfier de lui, puisqu'il nous indique notre tâche, et tout ce que nous avons à faire, avec une précision parfaite.

PREMIER ASSASSIN. – Reste donc avec nous. Le couchant est encore rayé de quelques lueurs du jour. C'est l'heure où le voyageur attardé presse les éperons pour gagner à temps l'auberge ; et voici qu'approche le personnage que nous guettons.

TROISIÈME ASSASSIN. – Écoutez ! j'entends les chevaux.

BANQUO, *derrière le théâtre.* – Éclairez-nous là ! hé !

DEUXIÈME ASSASSIN. – Alors c'est lui : tous les autres invités qu'on attendait sont déjà au palais.

PREMIER ASSASSIN. – Ses chevaux s'en retournent.

TROISIÈME ASSASSIN. – A près d'un mille d'ici ; mais il a l'habitude, comme tout le monde, d'aller d'ici à la porte du palais en se promenant.

Entrent Banquo et Fléance portant une torche.

DEUXIÈME ASSASSIN. – Une lumière ! une lumière !

TROISIÈME ASSASSIN. – C'est lui.

PREMIER ASSASSIN. – Tenons ferme.

BANQUO. – Il y aura de la pluie, ce soir.

PREMIER ASSASSIN. – Qu'elle tombe ! *(Il attaque Banquo.)*

BANQUO. – Oh ! trahison ! Fuis, bon Fléance, fuis, fuis, fuis ; tu peux me venger... Ô misérable *(Il meurt. Fléance s'échappe.)*

Troisième Assassin. – Qui a éteint la lumière ?

Premier Assassin. – N'était-ce pas le plus sûr ?

Troisième Assassin. – Il n'y en a qu'un de tombé ; le fils s'est échappé.

Deuxième Assassin. – Nous avons manqué la plus belle moitié de notre affaire.

Premier Assassin. – Allons toujours dire ce qu'il y a de fait. *(Ils sortent.)*

SCÈNE IV

La grande salle du palais. Un banquet est préparé.

Entrent Macbeth, lady Macbeth, Ross, Lenox, *des* seigneurs, *des gens de service.*

Macbeth. – Vous connaissez vos rangs respectifs, prenez vos places. Pour premier mot et pour dernier, cordiale bienvenue à tous !

Les Seigneurs. – Merci à Votre Majesté !

Macbeth. – Quant à nous, nous nous mêlerons à la société, comme l'hôte le plus humble. Notre hôtesse gardera sa place d'honneur ; mais, en temps opportun, nous irons lui demander la bienvenue.

Lady Macbeth. – Exprimez pour moi, sire, à tous nos amis, ce que dit mon cœur : ils sont les bienvenus.

> *Le premier assassin paraît à la porte de la salle.*

Macbeth. – Vois ! ils te répondent par un remerciement du cœur... Les deux côtés sont au complet. Je vais m'asseoir ici, au milieu. Faisons des largesses de gaieté ; tout à l'heure, nous boirons une rasade à la ronde. *(Bas, à l'assassin.)* Il y a du sang sur ton visage.

L'Assassin, *bas, à Macbeth.* – C'est celui de Banquo, alors.

Macbeth. – Il est mieux sur toi que dans ses veines. Est-il expédié ?

L'Assassin. – Monseigneur, il a la gorge coupée. J'ai fait cela pour lui.

Macbeth. – Tu es le meilleur des coupe-gorge. Il est bien bon pourtant, celui qui en a fait autant pour Fléance. Si c'est toi, tu n'as pas ton pareil.

L'Assassin. – Très royal seigneur, Fléance s'est échappé.

Macbeth. – Voilà mon accès qui revient : sans cela, j'aurais été à merveille, entier comme un marbre, solide comme un roc, dégagé et libre comme l'air ambiant. Mais, à présent, me voilà claquemuré, encagé, confiné, enchaîné dans des inquiétudes et des craintes insolentes. Mais Banquo est-il en sûreté ?

L'Assassin. – Oui, mon bon seigneur, en sûreté dans un fossé qu'il occupe, avec vingt balafres dans la tête dont la moindre serait la mort d'une créature.

Macbeth. – Merci, pour cela ! Voilà le vieux serpent écrasé. Le reptile qui s'est sauvé est de nature à donner du venin un jour, mais il n'a pas de dents encore. Va-t'en ! Demain, une fois rendu à nous-même, nous t'écouterons. *(Sort l'assassin.)*

Lady Macbeth. – Mon royal maître, vous n'encouragez pas vos convives : c'est leur faire payer la fête que de ne pas leur rappeler souvent, tandis qu'elle est en train, qu'elle est donnée de tout cœur. Pour ne faire que manger, mieux vaut rester chez soi ; hors de là, la courtoisie est la meilleure sauce des mets ; sans elle, la réunion serait fade.

Macbeth. – Douce sermonneuse !... Allons ! qu'une bonne digestion seconde l'appétit, et que la santé suive !

Lenox. – Plaît-il à Votre Altesse de s'asseoir ?

Le spectre de Banquo entre et s'assoit à la place de Macbeth.

MACBETH. – La gloire de notre pays aurait eu ici son faîte, si la gracieuse personne de notre Banquo eût été présente. Puissé-je avoir à l'accuser d'une incivilité plutôt qu'à le plaindre d'un malheur !

ROSS. – Son absence, sire, jette le blâme sur sa promesse. Plaît-il à Votre Altesse de nous honorer de sa royale compagnie ?

MACBETH. – La table est au complet.

LENOX. – Voici une place réservée pour vous, sire.

MACBETH. – Où ?

LENOX. – Ici, mon bon seigneur... Qu'est-ce donc qui émeut Votre Altesse ?

MACBETH. – Qui de vous a fait cela ?

LES SEIGNEURS. – Quoi, mon bon seigneur ?

MACBETH. – Tu ne peux pas dire que je l'aie fait ! Ne secoue pas contre moi tes boucles sanglantes.

ROSS. – Messieurs, levez-vous ; Son Altesse n'est pas bien.

LADY MACBETH. – Non, dignes amis, asseyez-vous. Mon seigneur est souvent ainsi, et cela depuis sa jeunesse. De grâce, restez assis ! C'est un accès momentané : rien que le temps d'y songer, il sera remis. Si vous faites trop attention à lui, vous l'offenserez, et vous augmenterez son mal ; mangez, et ne le regardez pas... Êtes-vous un homme ?

MACBETH. – Oui, et un homme hardi à oser regarder en face ce qui épouvanterait le démon.

LADY MACBETH. – La bonne niaiserie ! C'est encore une image créée par votre frayeur, comme ce poignard aérien qui, disiez-vous, vous guidait vers Duncan ! Oh ! ces effarements et ces tressaillements, singeries de la terreur, conviendraient bien à un conte de bonne femme débité au coin d'un feu d'hiver sous l'autorité d'une grand-mère. C'est la honte même ! Pourquoi faites-vous toutes ces mines-là ? Après tout, vous ne regardez qu'un tabouret.

MACBETH. – Je t'en prie, vois ! examine ! regarde ! là... Eh bien ! que dis-tu ? Bah ! qu'est-ce que cela me fait ? Puisque tu peux secouer la tête, parle... Ah ! si les cimetières et les tombeaux doivent nous renvoyer ainsi ceux que nous enterrons, pour monument nous leur donnerons la panse des milans ! *(Le spectre disparaît.)*

LADY MACBETH. – Quoi ! la folie n'a rien laissé de l'homme ?

MACBETH. – Aussi vrai que je suis ici, je l'ai vu.

LADY MACBETH. – Fi ! quelle honte !

MACBETH. – Ce n'est pas d'aujourd'hui que le sang a été versé : dans les temps anciens, avant que la loi humaine eût purifié la société adoucie, oui, et depuis lors, il a été commis des meurtres trop terribles pour l'oreille. Il fut un temps où, quand la cervelle avait jailli, l'homme mourait, et tout était fini. Mais aujourd'hui on ressuscite, avec vingt blessures mortelles dans le crâne, et on nous chasse de nos sièges. Voilà qui est plus étrange que le meurtre lui-même.

LADY MACBETH. – Mon digne seigneur, vos nobles amis ont besoin de vous.

MACBETH. – J'oubliais... Ne vous étonnez pas, mes très dignes amis : j'ai une étrange infirmité qui n'est rien pour ceux qui me connaissent. Allons ! amitié et santé à tous ! Maintenant je vais m'asseoir. Donnez-moi du vin ; remplissez jusqu'au bord !

Entre le spectre.

Je bois à la joie de toute la table, et à notre cher ami Banquo qui nous manque. Que n'est-il ici ! A lui et à tous, notre soif ! Buvons tous à tous !

LES SEIGNEURS. – Nous vous rendons hommage en vous faisant raison.

MACBETH. – Arrière ! ôte-toi de ma vue ! Que la terre te cache ! Tes os sont sans moelle ; ton sang est glacé ; tu n'as pas de regard dans ces yeux qui éblouissent.

LADY MACBETH. – Ne voyez là, nobles pairs, qu'un fait habituel. Ce n'est pas autre chose. Seulement cela gâte le plaisir du moment.

MACBETH. – Tout ce qu'ose un homme, je l'ose. Approche sous la figure de l'ours velu de Russie, du rhinocéros armé ou du tigre d'Hyrcanie, prends toute autre forme que celle-ci, et mes nerfs impassibles ne trembleront pas. Ou bien redeviens vivant, et provoque-moi au désert avec ton épée ; si alors je m'enferme en tremblant, déclare-moi le marmot d'une fille. Hors d'ici, ombre horrible ! *(Le spectre disparaît.)* Moqueuse illusion, hors d'ici !... Oui ! c'est cela... Dès qu'il s'en va, je redeviens homme... De grâce, restez assis !

LADY MACBETH. – Vous avez fait fuir la gaieté et rompu notre bonne réunion par ce désordre surprenant.

MACBETH. – De telles choses peuvent-elles arriver et fondre sur nous, comme un nuage d'été, sans nous causer un étonnement particulier ? Vous me faites méconnaître mon propre caractère, quand je songe que, devant de pareils spectacles, vous pouvez conserver le rubis naturel de vos joues, alors que les miennes sont blanches de frayeur.

ROSS. – Quels spectacles, monseigneur ?

LADY MACBETH. – Je vous en prie, ne lui parlez pas ! Il va de pire en pire ; toute question l'exaspère. Bonsoir en même temps à tous ! N'attendez pas votre tour de partir, mais partez tous à la fois.

LENOX. – Bonsoir ! et puisse une meilleure santé être accordée à Sa Majesté !

LADY MACBETH. – Affectueux bonsoir à tous ! *(Sortent les seigneurs et les gens de la suite.)*

MACBETH. – Il y aura du sang versé ; on dit que le sang veut du sang. On a vu les pierres remuer et les arbres parler. Des augures, des révélations intelligibles ont, par la voix des pies, des corbeaux et des corneilles, dénoncé l'homme de sang le mieux caché... Où en est la nuit ?

LADY MACBETH. – A l'heure encore indécise de sa lutte avec le matin.

MACBETH. – Que dis-tu de Macduff, qui refuse de se rendre en personne à notre solennelle invitation ?

LADY MACBETH. – Lui avez-vous envoyé quelqu'un, sire ?

MACBETH. – Non ! j'en suis prévenu indirectement ; mais j'enverrai. Il n'y a pas un d'eux chez qui je ne tienne un homme à mes gages. J'irai demain, de bonne heure, trouver les sœurs fatidiques. Il faut qu'elles parlent encore ; car je suis maintenant décidé à savoir le pire, fût-ce par les pires moyens : devant mes intérêts, tout doit céder. J'ai marché si loin dans le sang que, si je ne traverse pas le gué, j'aurai autant de peine à retourner qu'à avancer. J'ai dans la tête d'étranges choses qui réclament ma main et veulent être exécutées avant d'être méditées.

LADY MACBETH. – Vous avez besoin du cordial de toute créature, le sommeil.

MACBETH. – Viens, nous allons dormir. Mon étrange oubli de moi-même est une timidité novice qui veut être aguerrie par l'épreuve. Nous sommes encore jeunes dans l'action. *(Ils sortent.)*

SCÈNE V

La bruyère.

Tonnerre. HÉCATE *entre* ; LES TROIS SORCIÈRES *vont à sa rencontre.*

PREMIÈRE SORCIÈRE. – Eh bien ! qu'avez-vous, Hécate ? Vous paraissez irritée.

HÉCATE. – N'ai-je pas raison de l'être, mégères, quand vous êtes si insolentes et si effrontées ? Comment avez-vous osé commercer et trafiquer avec Macbeth d'oracles et d'affaires de mort, sans que moi, la maîtresse de vos enchantements, l'agent mystérieux de tout maléfice, j'aie été appelée à intervenir ou à montrer la gloire de notre art ? Et, qui pis est, vous avez fait tout cela pour un fils entêté, rancuneux, colère, qui, comme les autres, vous aime pour lui-même, non pour vous. Mais réparez votre faute maintenant : partez, et venez au trou de l'Achéron me rejoindre demain matin : il doit s'y rendre pour connaître sa destinée. Préparez vos vases, vos sortilèges, vos enchantements, tout enfin. Moi, je vais dans l'air ; j'emploierai cette nuit à une œuvre terrible et fatale. Une grande affaire doit être achevée avant midi. A la pointe de la lune pend une goutte de vapeur profonde, je l'attraperai avant qu'elle tombe à terre. Cette goutte, distillée par des procédés magiques, fera surgir des apparitions fantastiques qui, par la force de leurs illusions, l'entraîneront à sa ruine. Il insultera le destin, narguera la mort, et mettra ses espérances au-dessus de la sagesse, de la religion et de la crainte. Et, vous le savez toutes, la sécurité est la plus grande ennemie des mortels. *(Chant derrière le théâtre.)*

Venez, venez...

HÉCATE. – Écoutez ! on m'appelle. Vous voyez ! mon petit esprit m'attend, assis dans un nuage de brume. *(Elle sort.)*

PREMIÈRE SORCIÈRE. – Allons, hâtons-nous ! Elle sera bientôt de retour. *(Sortent les sorcières.)*

SCÈNE VI

Forres. – Une salle dans le palais.

Entrent LENOX *et* UN AUTRE SEIGNEUR.

LENOX. – Mes dernières paroles ont frappé votre pensée, qui peut maintenant conclure. Je répète seulement que les choses ont été étrangement arrangées. Macbeth s'est apitoyé sur le gracieux Duncan ?... Pardieu, il était mort !... Quant au vaillant Banquo, il s'est promené trop tard... Vous pouvez dire, si cela vous plaît, que c'est Fléance qui l'a tué, car Fléance s'est sauvé... On ne doit pas se promener trop tard. Comment se refuser à voir tout ce qu'il y a eu de monstrueux de la part de Malcolm et de Donalbain à tuer leur auguste père ? Exécrable action ! Combien elle a affligé Macbeth ! N'a-t-il pas immédiatement, dans une rage pieuse, mis en pièces les deux coupables, qui étaient esclaves de l'ivresse et captifs du sommeil ? N'est-ce pas là une noble action ?... Oui, et fort prudente aussi, car cela aurait pu irriter un cœur vif d'entendre ces hommes nier le fait... Bref, je dis qu'il a bien arrangé les choses ; et je pense que, s'il tenait sous clef les fils de Duncan (ce qui n'arrivera pas, s'il plaît à Dieu), ils verraient ce que c'est que de tuer un père ; et Fléance aussi ! Mais, silence ! car, pour avoir parlé trop haut et manqué de paraître à la fête du tyran, j'apprends que Macduff est en disgrâce. Pouvez-vous me dire, monsieur, où il s'est réfugié ?

LE SEIGNEUR. – Le fils de Duncan, dont ce tyran usurpe les droits héréditaires, vit à la cour d'Angleterre, où il est reçu par le très pieux Édouard avec tant de grâce que la malveillance de la fortune ne lui fait rien perdre des honneurs qui lui sont dus. Macduff aussi s'est rendu là : il va prier le saint roi de lancer à son aide Northumberland, le belliqueux Siward, afin que, grâce à ce secours et à la sanction du Très-Haut, nous puissions de nouveau mettre le couvert sur notre table, dormir toutes nos nuits, délivrer nos fêtes et nos banquets des couteaux sanglants, rendre un légitime hommage et recevoir de purs honneurs, toutes satisfactions auxquelles nous ne pouvons qu'aspirer aujourd'hui. Cette nouvelle a tellement exaspéré le roi qu'il fait des préparatifs de guerre.

LENOX. – Avait-il fait mander Macduff ?

LE SEIGNEUR. – Oui ! et Macduff ayant répondu résolument : « Non, monsieur ! » le messager lui a tourné le dos

d'un air nébuleux, en grondant, comme s'il voulait dire :
« Vous déplorerez le moment où vous m'embarrassez de cette
réponse. »

Lenox. – Voilà qui doit bien engager Macduff à être pru-
dent et à garder la distance que la sagesse lui indique. Puisse,
avant son arrivée, quelque saint ange voler à la cour d'Angleterre et y révéler son message, en sorte que la paix bénie soit
rendue au plus vite à notre patrie accablée sous une main
maudite !

Le Seigneur. – Mes prières l'accompagneront ! *(Ils sortent.)*

ACTE IV

Une caverne obscure. Au milieu, un chaudron bouillant.
Tonnerre.

Entrent LES TROIS SORCIÈRES.

PREMIÈRE SORCIÈRE.
Trois fois le chat tacheté a miaulé.

DEUXIÈME SORCIÈRE.
Trois fois ; et une fois le hérisson a grogné.

TROISIÈME SORCIÈRE.
La harpie crie : « Il est temps ! il est temps ! »

PREMIÈRE SORCIÈRE.

Tournons en rond autour du chaudron,
Et jetons-y les entrailles empoisonnées.
Crapaud, qui, sous la froide pierre,
Endormi trente-un jours et trente-une nuits
As mitonné dans ton venin,
Bous le premier dans le pot enchanté.

TOUTES TROIS.

Double, double, peine et trouble !
Feu, brûle ; et, chaudron, bouillonne !

DEUXIÈME SORCIÈRE.

Filet de couleuvre de marais,
Dans le chaudron bous et cuis.
Œil de salamandre, orteil de grenouille,
Poil de chauve-souris et langue de chien,
Langue fourchue de vipère, dard de reptile aveugle,
Patte de lézard, aile de hibou,
Pour faire un charme puissant en trouble,
Bouillez et écumez comme une soupe d'enfer.

TOUTES TROIS.

Double, double, peine et trouble !
Feu brûle ; et, chaudron, bouillonne !

TROISIÈME SORCIÈRE.

Écaille de dragon, dent de loup,
Momie de sorcière, estomac et gueule
Du requin dévorant des mers,
Racine de ciguë arrachée dans l'ombre,
Foie de juif blasphémateur,
Fiel de bouc, branches d'if
Cassées dans une éclipse de lune,
Nez de Turc et lèvre de Tartare,
Doigt d'un marmot étranglé en naissant
Et mis bas par une drôlesse dans un fossé,
Faites une bouillie épaisse et visqueuse ;
Ajoutons les boyaux de tigre,
Comme ingrédient, dans notre chaudron.

TOUTES TROIS.

Double, double, peine et trouble !
Feu, brûle ; et, chaudron, bouillonne !

DEUXIÈME SORCIÈRE.
Refroidissons le tout avec du sang de babouin,
Et le charme sera solide et bon.

Entre Hécate.

HÉCATE. – Oh ! c'est bien ! J'approuve votre besogne, et chacune aura part au profit. Maintenant, tout autour du chaudron, entonnez une ronde comme les elfes et les fées, pour enchanter ce que vous y avez mis.

CHANSON

Noirs esprits... (Hécate sort.)

DEUXIÈME SORCIÈRE. – Au picotement de mes pouces, je sens qu'un maudit vient par ici. Ouvrez, serrures, à quiconque frappe !

On frappe. Entre Macbeth.

MACBETH. – Eh bien ! mystérieuses et noires larves de minuit, que faites-vous ?

TOUTES TROIS. – Une œuvre sans nom.

MACBETH. – Je vous en conjure ! au nom de la chose que vous professez, quels que soient vos moyens de savoir, répondez-moi ! Dussiez-vous déchaîner les vents et les lancer à l'assaut des églises ; dussent les vagues écumantes détruire et engloutir toutes les marines ; dussent les blés en épis être couchés, et les arbres abattus ; dussent les châteaux s'écrouler sur ceux qui les gardent ; dussent les palais et les pyramides renverser leurs têtes sur leurs fondements ; dussent du trésor de la nature tomber pêle-mêle tous les germes, jusqu'à ce que la destruction même soit écœurée, répondez à ce que je vous demande !

PREMIÈRE SORCIÈRE. – Parle.

DEUXIÈME SORCIÈRE. – Questionne.

TROISIÈME SORCIÈRE. – Nous répondrons.

PREMIÈRE SORCIÈRE. – Dis ! aimes-tu mieux tout savoir de notre bouche ou de celle de nos maîtres ?

MACBETH. – Appelez-les ! faites-les-moi voir !

PREMIÈRE SORCIÈRE. – Versons le sang d'une truie qui a mangé ses neuf pourceaux ; prenons de la graisse qui a suinté du gibet d'un meurtrier, et jetons-la dans la flamme.

TOUTES TROIS. – Viens d'en bas ou d'en haut, et montre-toi adroitement dans ton œuvre.

Tonnerre. Une tête armée d'un casque apparaît hors de terre.

MACBETH. – Dis-moi, puissance inconnue...

PREMIÈRE SORCIÈRE. – Il connaît ta pensée. Écoute ses paroles, mais ne dis rien.

LE FANTÔME. – Macbeth ! Macbeth ! Macbeth ! défie-toi de Macduff ! défie-toi du thane de Fife !... Renvoyez-moi. C'est assez. *(Le fantôme redescend.)*

MACBETH. – Qui que tu sois, merci de ton bon avis ! Tu as fait vibrer la corde de mon inquiétude. Mais un mot encore !

PREMIÈRE SORCIÈRE. – Il ne se laisse pas commander... En voici un autre plus puissant que le premier.

Tonnerre. Le fantôme d'un enfant ensanglanté sort de terre.

LE FANTÔME. – Macbeth ! Macbeth ! Macbeth !

MACBETH. – Je t'écouterais de trois oreilles, si je les avais.

LE FANTÔME. – Sois sanguinaire, hardi et résolu : ris-toi du pouvoir de l'homme, car nul être né d'une femme ne pourra nuire à Macbeth.

Le fantôme redescend.

MACBETH. – Alors, vis, Macduff. Qu'ai-je besoin de te craindre ? Mais, n'importe ! Je veux avoir une garantie double et engager le destin : tu ne vivras pas ! Ainsi, je pourrai dire à la Peur au cœur blême qu'elle ment, et dormir en dépit de la foudre.

Tonnerre. Le fantôme d'un enfant couronné s'élève ayant un arbre dans la main.

Quel est celui qui surgit, pareil au fils d'un roi, et qui porte sur son front enfantin le cercle fermé de la souveraineté ?

LES TROIS SORCIÈRES. – Écoute, mais ne lui parle pas.

LE FANTÔME. – Sois d'humeur léonine, sois fier ; et ne t'inquiète pas de ceux qui ragent, s'agitent ou conspirent : jamais Macbeth ne sera vaincu, avant que la grande forêt de Birnam marche contre lui jusqu'à la haute colline de Dunsinane.

Le fantôme redescend.

MACBETH. – Cela ne sera jamais. Qui peut faire la presse sur une forêt et sommer un arbre de détacher sa racine fixée en terre ? Douces prédictions ! Ô bonheur ! Révolte, ne lève pas la tête avant que la forêt de Birnam se lève, et notre Macbeth vivra dans les grandeurs tout le bail de la nature, pour ne rendre qu'à l'heure coutumière de la mort le dernier soupir... Cependant mon cœur palpite pour savoir encore une chose : dites-moi, autant que votre art peut le deviner, si la lignée de Banquo régnera jamais dans ce royaume.

LES TROIS SORCIÈRES. – Ne cherche pas à en savoir davantage.

MACBETH. – Je veux être satisfait. Si vous me le refusez, qu'une éternelle malédiction tombe sur vous ! Dites-moi tout. Pourquoi ce chaudron s'enfonce-t-il ? et quel est ce bruit ? *(Symphonie de hautbois.)*

PREMIÈRE SORCIÈRE. – Montrez-vous !

DEUXIÈME SORCIÈRE. – Montrez-vous !

TROISIÈME SORCIÈRE. – Montrez-vous !

TOUTES TROIS. – Montrez-vous à ses yeux, et affligez son cœur. Venez, puis disparaissez, ombres légères.

Huit rois paraissent et traversent le théâtre à la file ;
le dernier avec un miroir à la main.
Banquo les suit.

MACBETH. – Tu ressembles trop à l'esprit de Banquo : à bas ! ta couronne brûle mes prunelles... Tes cheveux, à toi, autre front cerclé d'or, sont comme ceux du premier... Le troisième ressemble au précédent... Sales stryges, pourquoi me montrez-vous cela ?... Un quatrième !... Écartez-vous, mes yeux !... Quoi ! cette ligne se prolongera-t-elle jusqu'aux craquements de la fin du monde ? Un autre encore !... Un septième !... Je n'en veux plus voir. Et pourtant le huitième apparaît, tenant un miroir qui m'en montre une foule d'autres, et j'en vois qui portent un double globe et un triple sceptre ! Horrible vision ! A présent, je le vois, c'est la vérité ; car voici Banquo, tout barbouillé de sang, qui sourit et me montre ses enfants dans ces rois... Quoi ! en serait-il ainsi ?

PREMIÈRE SORCIÈRE. – Oui, seigneur, tout cela est exact... Mais pourquoi Macbeth reste-t-il ainsi stupéfait ? Allons ! mes sœurs, relevons ses esprits, en lui montrant le meilleur de nos divertissements. Je vais charmer l'air pour en tirer des sons, tandis que vous exécuterez votre antique ronde. Puisse alors ce grand roi reconnaître que nous avons dignement fêté sa venue ! *(Musique. Les sorcières dansent et s'évanouissent.)*

MACBETH. – Où sont-elles ? Parties !... Que cette heure funeste reste à jamais maudite dans le calendrier !... Entrez, vous qui êtes là, dehors.

Entre Lenox.

LENOX. – Quel est le désir de Votre Grâce ?

MACBETH. – Avez-vous vu les sœurs fatidiques ?

LENOX. – Non, monseigneur.

MACBETH. – N'ont-elles pas passé près de vous ?

LENOX. – Non, vraiment, monseigneur.

MACBETH. – Infecté soit l'air sur lequel elles chevauchent ! Et damnés soient tous ceux qui les croient !... J'ai entendu un galop de cheval. Qui donc est arrivé ?

LENOX. – Ce sont deux ou trois cavaliers, monseigneur, qui vous apportent la nouvelle que Macduff s'est enfui en Angleterre.

MACBETH. – Enfui en Angleterre ?

LENOX. – Oui, mon bon seigneur.

MACBETH. – Ô temps, tu préviens mes exploits redoutés. L'intention fugace n'est jamais atteinte, à moins que l'action ne marche avec elle. A l'avenir, le premier mouvement de mon cœur sera le premier mouvement de ma main. Aujourd'hui même, pour couronner ma pensée par un acte, que la résolution prise soit exécutée ! Je veux surprendre le château de Macduff, m'emparer de Fife, passer au fil de l'épée sa femme, ses petits enfants et tous les êtres infortunés qui le continuent dans sa race. Pas de niaise forfanterie ! J'accomplirai cette action avant que l'idée refroidisse. Mais plus de visions !... Où sont ces messieurs ? Allons, conduisez-moi où ils sont. *(Ils sortent.)*

SCÈNE II

Fife. – Une chambre dans le château de Macduff.

Entrent LADY MACDUFF, SON FILS *et* ROSS.

LADY MACDUFF. – Qu'avait-il fait qui l'obligeât à fuir le pays ?

ROSS. – Vous devez avoir de la patience, madame.

LADY MACDUFF. – Il n'en a pas eu, lui ! Sa fuite a été une folie. A défaut de nos actes, nos peurs font de nous des traîtres.

ROSS. – Vous ne savez pas s'il y a eu de sa part sagesse ou peur.

LADY MACDUFF. – Sagesse ! laisser sa femme, laisser ses enfants, ses gens et ses titres dans un lieu d'où il s'enfuit lui-même ! Il ne nous aime pas. Il n'a pas même l'instinct de la nature : le pauvre roitelet, le plus petit des oiseaux, défendra ses petits dans son nid contre le hibou. Il n'y a que de la peur, et pas d'affection, non, pas plus que de sagesse, dans cette fuite précipitée ainsi contre toute raison.

ROSS. – Ma chère petite cousine, je vous en prie, régentez vous-même. Car, pour votre mari, il est noble, sage, judicieux ; il connaît à fond les crises de notre époque. Je n'ose en dire davantage. Mais ce sont des temps cruels que ceux où nous sommes traîtres sans le savoir, où nous écoutons les rumeurs de la crainte sans savoir ce que nous craignons, flottant sur une mer farouche et violente qui nous agite en tout sens !... Je prends congé de vous. Avant peu, je reviendrai. Quand une situation est au pire, il faut qu'elle cesse ou qu'elle se relève... Mon joli cousin, le ciel vous bénisse !

LADY MACDUFF. – Il a un père, et pourtant il n'a pas de père.

ROSS. – Je serais fou de rester plus longtemps : je causerais ma disgrâce et vous compromettrais. Je prends immédiatement congé de vous. *(Sort Ross.)*

LADY MACDUFF. – Garnement, votre père est mort. Qu'allez-vous faire ? Comment vivrez-vous ?

L'ENFANT. – Comme les oiseaux, mère.

LADY MACDUFF. – Quoi ! de vers et de mouches ?

L'ENFANT. – Je veux dire de ce que je trouverai, comme eux.

LADY MACDUFF. – Pauvre oiseau ! tu ne craindrais jamais le filet, ni la glu, ni les pièges, ni le trébuchet ?

L'ENFANT. – Pourquoi les craindrais-je, mère ? Ils ne sont pas faits pour les pauvres oiseaux. Vous avez beau dire, mon père n'est pas mort.

LADY MACDUFF. – Si, il est mort. Comment remplaceras-tu un père ?

L'ENFANT. – Et vous, comment remplacerez-vous un mari ?

LADY MACDUFF. – Ah ! je puis m'en acheter vingt au marché.

L'ENFANT. – Alors vous ne les achèterez que pour les revendre.

LADY MACDUFF. – Tu parles avec tout ton esprit, et, ma foi ! avec assez d'esprit pour ton âge.

L'ENFANT. – Est-ce que mon père était un traître, mère ?

LADY MACDUFF. – Oui, c'en était un.

L'ENFANT. – Qu'est-ce que c'est qu'un traître ?

LADY MACDUFF. – Eh bien ! c'est quelqu'un qui fait un faux serment.

L'ENFANT. – Et ce sont des traîtres tous ceux qui font ça ?

LADY MACDUFF. – Quiconque le fait est un traître et mérite d'être pendu.

L'ENFANT. – Et tous ceux qui font un faux serment méritent-ils d'être pendus ?

LADY MACDUFF. – Tous.

L'ENFANT. – Qui est-ce qui doit les pendre ?

LADY MACDUFF. – Eh bien ! les honnêtes gens.

L'ENFANT. – Alors les faiseurs de faux serments sont des imbéciles ; car ils sont assez nombreux pour battre les honnêtes gens et les pendre.

LADY MACDUFF. – Que Dieu te vienne en aide, pauvre singe ! Mais qui te tiendra lieu de père ?

L'ENFANT. – Si mon père était mort, vous le pleureriez ; si vous ne le pleuriez pas, ce serait signe que j'en aurais bien vite un nouveau.

LADY MACDUFF. – Pauvre babillard ! comme tu jases !

Entre un messager.

LE MESSAGER. – Le ciel vous bénisse, belle dame ! Je ne vous suis pas connu, bien que je sache parfaitement le rang que vous tenez. Je soupçonne que quelque danger vous menace. Si vous voulez suivre l'avis d'un homme qui parle net, qu'on ne vous trouve pas ici ! fuyez avec vos petits. Je suis bien brutal, je le sens, de vous effrayer ainsi. Bien pire serait pour vous l'horrible cruauté qui menace de si près votre personne. Dieu vous préserve ! Je n'ose rester plus long-temps. *(Sort le messager.)*

LADY MACDUFF. – Où dois-je fuir ? Je n'ai pas fait de mal. Mais je me rappelle à présent que je suis dans ce monde terrestre, où faire le mal passe souvent pour louable, et faire le bien, parfois, pour une dangereuse folie. Pourquoi donc, hélas ! me couvrir de cette féminine excuse que je n'ai pas fait de mal ?... Quels sont ces visages ?

Entrent des assassins.

PREMIER ASSASSIN. – Où est votre mari ?

LADY MACDUFF. – Pas dans un lieu assez maudit, j'espère, pour qu'un homme tel que toi puisse le trouver.

L'ASSASSIN. – C'est un traître.

L'ENFANT. – Tu mens, scélérat aux oreilles velues !

L'ASSASSIN, *le poignardant.* – Comment ! mauvais œuf ! menu fretin de trahison !

L'ENFANT. – Il m'a tué, mère ! Sauvez-vous, je vous en prie ! *(Il meurt. Lady Macduff sort en criant au meurtre, et poursuivie par les assassins.)*

SCÈNE III

En Angleterre. – Une salle dans le palais du roi.

Entrent MALCOLM *et* MACDUFF.

MALCOLM. – Allons chercher quelque ombre désolée, et, là, pleurons toutes les larmes de nos tristes cœurs.

MACDUFF. – Saisissons plutôt l'épée meurtrière, et, comme de braves gens, couvrons de notre personne nos droits abattus. Chaque matin, de nouvelles veuves hurlent, de nouveaux orphelins sanglotent, de nouvelles douleurs frappent la face du ciel qui en retentit, comme si, par sympathie pour l'Écosse, il répétait dans un cri chaque syllabe de désespoir.

MALCOLM. – Je suis prêt à déplorer ce que je crois, à croire ce que je vois et à réparer ce que je pourrai, dès que je trouverai l'occasion amie. Ce que vous avez dit peut par hasard être vrai. Mais ce tyran, dont le seul nom ulcère notre langue, était autrefois réputé honnête ; vous l'avez beaucoup aimé ; il ne vous a pas encore effleuré. Je suis jeune, mais vous pouvez par moi bien mériter de lui ; et ce serait sage de sacrifier un pauvre, faible et innocent agneau, pour apaiser un Dieu irrité.

MACDUFF. – Je ne suis pas un traître.

MALCOLM. – Mais Macbeth en est un. Une bonne et vertueuse nature peut se démentir sur un ordre impérial... Mais je vous demande pardon, mon opinion ne peut changer ce que vous êtes. Les anges sont brillants toujours, quoique le plus brillant soit tombé. Quand tout ce qu'il a d'infâme aurait le front de la vertu, la vertu n'en devrait pas moins avoir l'air vertueux.

MACDUFF. – J'ai perdu mes espérances.

MALCOLM. – Peut-être à l'endroit même où j'ai trouvé mes doutes. Pourquoi avez-vous quitté votre femme et vos enfants, ces objets si précieux, ces liens d'amour si forts, avec cette brusquerie, sans même leur dire adieu ?... De grâce ! voyez dans mes défiances, non votre déshonneur, mais ma propre sûreté... Vous pouvez être parfaitement sincère, quoi que je puisse penser.

MACDUFF. – Saigne, saigne, pauvre patrie !... Grande tyrannie, établis solidement ta base, car la vertu n'ose pas te combattre ! Jouis de ton usurpation : ton titre est consacré !... Adieu, seigneur ! je ne voudrais pas être le misérable que tu penses, pour tout l'espace de terre qui est dans la griffe du tyran, dût le riche Orient en être l'appoint.

MALCOLM. – Ne vous offensez pas. Je ne parle pas ainsi par défiance absolue de vous. Je crois que notre patrie s'affaisse sous le joug ; elle pleure, elle saigne, et chaque jour de plus ajoute une plaie à ses blessures. Je crois aussi que bien des bras se lèveraient pour ma cause ; et ici même le gracieux roi d'Angleterre m'en a offert des meilleurs, par milliers. Mais, après tout, quand j'aurai écrasé ou mis au bout de mon épée la tête du tyran, ma pauvre patrie verra régner plus de vices qu'auparavant ; elle souffrira plus, et de plus de manières que jamais, sous celui qui lui succédera.

MACDUFF. – Quel sera donc celui-là ?

MALCOLM. – Ce sera moi-même ! moi, en qui je sens tous les vices si bien greffés que, quand ils s'épanouiront, le noir Macbeth semblera pur comme neige ; et la pauvre Écosse le tiendra pour un agneau, en comparant ses actes à mes innombrables méfaits.

MACDUFF. – Non ! dans les légions mêmes de l'horrible enfer, on ne trouverait pas un démon plus damné en perversité que Macbeth.

MALCOLM. – J'accorde qu'il est sanguinaire, luxurieux, avare, faux, fourbe, brusque, malicieux, imbu de tous les vices qui ont un nom. Mais il n'y a pas de fond, non, pas de fond, à mon libertinage : vos femmes, vos filles, vos matrones, vos vierges ne rempliraient pas la citerne de mes désirs, et mes passions franchiraient toutes les digues opposées à ma volonté. Mieux vaut Macbeth qu'un roi tel que moi.

MACDUFF. – L'intempérance sans bornes est une tyrannie de la nature : elle a fait le vide prématuré d'heureux trônes et la chute de bien des rois. Cependant ne craignez pas de vous attribuer ce qui est à vous. Vous pourrez assouvir vos désirs à cœur joie et passer pour un homme froid au milieu d'un monde aveuglé. Nous avons assez de dames complaisantes. Il n'y a pas en vous de vautour qui puisse dévorer tout ce qui s'offrira à votre grandeur, aussitôt cette inclination connue.

MALCOLM. – Outre cela, il y a dans ma nature, composée des plus mauvais instincts, une avarice si insatiable que, si j'étais roi, je retrancherais tous les nobles pour avoir leurs terres ; je voudrais les joyaux de l'un, la maison de l'autre ; et chaque nouvel avoir ne serait pour moi qu'une sauce qui me rendrait plus affamé. Je forgerais d'injustes querelles avec les meilleurs, avec les plus loyaux, et je les détruirais pour avoir leur bien.

MACDUFF. – L'avarice creuse plus profondément, elle jette des racines plus pernicieuses que la luxure éphémère d'un été ; elle est l'épée qui a tué nos rois. Cependant ne craignez rien : l'Écosse a de quoi combler vos désirs à foison, rien que dans ce qui vous appartient. Tout cela est supportable, avec des vertus pour contrepoids.

MALCOLM. – Des vertus ! Mais je n'en ai pas. Celles qui conviennent aux rois, la justice, la sincérité, la tempérance, la stabilité, la générosité, la persévérance, la pitié, l'humanité, la piété, la patience, le courage, la fermeté, je n'en ai pas même l'arrière-goût ; mais j'abonde en penchants diversement criminels que je satisfais par tous les moyens. Oui, si j'en avais le pouvoir, je verserais dans l'enfer le doux lait de la concorde, je bouleverserais la paix universelle, je détruirais toute unité sur la terre.

MACDUFF. – Ô Écosse ! Écosse !

MALCOLM. – Si un tel homme est fait pour gouverner, parle ! je suis ce que j'ai dit.

MACDUFF. – Fait pour gouverner ! non, pas même pour vivre... Ô nation misérable sous un usurpateur au sceptre sanglant, quand reverras-tu tes jours prospères, puisque l'héritier le plus légitime de ton trône reste sous l'interdit de sa propre malédiction et blasphème son origine ?... Ton auguste père était le plus saint des rois ; la reine qui t'a porté plus souvent à genoux que debout est morte chaque jour où elle a vécu. Adieu ! Les vices dont tu t'accuses toi-même m'ont banni d'Écosse... Ô mon cœur, ici finit ton espérance !

MALCOLM. – Macduff, cette noble émotion, fille de l'intégrité, a effacé de mon âme les noirs scrupules et réconcilié mes pensées avec ta loyauté et ton honneur. Le diabolique Macbeth a déjà cherché par maintes ruses pareilles à m'attirer en son pouvoir, et une sage prudence me détourne d'une précipitation trop crédule. Mais que le Dieu d'en haut intervienne seul entre toi et moi ! Car, dès ce moment, je me remets à ta direction et je rétracte mes médisances contre moi-même ; j'abjure ici les noirceurs et les vices que je me suis imputés, comme étrangers à ma nature. Je suis encore inconnu à la femme ; je ne me suis jamais parjuré ; c'est à peine si j'ai convoité ce qui m'appartenait ; à aucune époque je n'ai violé ma foi ; je ne livrerais pas en traître un démon à un autre ; j'aime la vérité non moins que la vie ; mon premier mensonge, je viens de le faire contre moi-même. Ce que je suis vraiment est à ta disposition, à celle de mon pauvre pays. Déjà, avant ton arrivée ici, le vieux Siward, à la tête de dix mille hommes vaillants, tous réunis sur un même point, allait marcher sur l'Écosse ; maintenant, nous partirons ensemble. Puisse notre fortune être aussi bonne que notre cause est juste ! Pourquoi êtes-vous silencieux ?

MACDUFF. – Il est bien difficile de concilier immédiatement d'aussi agréables choses et d'aussi désagréables.

Entre un docteur.

MALCOLM. – Bien ! nous en reparlerons tout à l'heure... Le roi va-t-il venir, dites-moi ?

LE DOCTEUR. – Oui, seigneur. Il y a là un tas de misérables êtres qui attendent de lui la guérison ; leur maladie défie les puissants efforts de l'art, mais il n'a qu'à les toucher, et telle est la vertu sainte dont le ciel a doué sa main, qu'ils se rétablissent sur-le-champ.

MALCOLM. – Je vous remercie, docteur. *(Sort le docteur.)*

MACDUFF. – De quelle maladie veut-il parler ?

MALCOLM. – On l'appelle le *mal du roi*. C'est une opération tout à fait miraculeuse de ce bon prince, et que souvent, depuis mon séjour en Angleterre, je lui ai vu faire. Comment il sollicite le ciel, lui seul le sait au juste. Le fait est que des gens étrangement atteints, tout enflés et couverts d'ulcères, pitoyables à voir, vrai désespoir de la chirurgie, sont guéris par lui : il pend autour de leur cou une pièce d'or qu'il attache avec de pieuses prières ; et l'on dit qu'il laisse à la dynastie qui lui succédera le pouvoir béni de guérir. Outre cette étrange vertu, il a le céleste don de prophétie ; et les mille bénédictions suspendues à son trône le proclament plein de grâce.

Entre Ross.

MACDUFF. – Voyez qui vient ici !

MALCOLM. – Un de mes compatriotes ; mais je ne le reconnais pas encore.

MACDUFF. – Mon cousin toujours charmant, soyez le bienvenu ici !

MALCOLM. – Je le reconnais. Dieu de bonté, écarte bien vite les causes qui nous font étrangers !

ROSS. – Amen, seigneur !

MACDUFF. – L'Écosse est-elle encore dans le même état ?

ROSS. – Hélas ! pauvre patrie ! elle a presque peur de se reconnaître ! Elle ne peut plus être appelée notre mère, mais notre tombe. Hormis ce qui n'a pas de conscience, on n'y voit personne sourire : des soupirs, des gémissements, des cris à déchirer l'air y sont entendus, mais non remarqués ; le désespoir violent y semble un délire vulgaire ; la cloche des morts y sonne sans qu'à peine on demande pour qui ; la vie des hommes de bien y dure moins longtemps que la fleur de leur chapeau, elle est finie avant d'être flétrie.

MACDUFF. – Ô récit trop minutieux et cependant trop vrai !

MALCOLM. – Quel est le malheur le plus récent ?

Ross. – Le malheur vieux d'une heure siffle celui qui en parle ; chaque minute en enfante un nouveau.

Macduff. – Comment va ma femme ?

Ross. – Mais, bien.

Macduff. – Et tous mes enfants ?

Ross. – Bien, aussi.

Macduff. – Le tyran n'a pas attaqué leur repos ?

Ross. – Non ! ils étaient bien en repos quand je les ai quittés.

Macduff. – Ne soyez pas avare de vos paroles : où en sont les choses ?

Ross. – Quand je suis parti pour porter ici les nouvelles qui n'ont cessé de m'accabler, le bruit courait que beaucoup de braves gens s'étaient mis en campagne ; et j'y crois d'autant plus volontiers que j'ai vu sur pied les forces du tyran. Le moment de la délivrance est venu ; un regard de vous en Écosse créerait des soldats et déciderait nos femmes mêmes à combattre pour mettre fin à nos cruelles angoisses.

Malcolm. – Qu'elles se consolent ! Nous partons pour l'Écosse. Sa Majesté d'Angleterre nous a prêté dix mille hommes et le brave Siward ; pas de plus vieux ni de meilleur soldat que lui dans la chrétienté !

Ross. – Plût au ciel que je pusse répondre à ces consolations par d'autres ! Mais j'ai à dire des paroles qui devraient être hurlées dans un désert où aucune oreille ne les saisirait.

Macduff. – Qui intéressent-elles ? la cause générale ? ou ne sont-elles qu'un apanage de douleur dû à un seul cœur ?

Ross. – Il n'est pas d'âme honnête qui ne prenne une part à ce malheur, bien que la plus grande en revienne à vous seul.

Macduff. – Si elle doit m'échoir, ne me la retenez pas ; donnez-la-moi vite.

Ross. – Que vos oreilles n'aient pas de ma voix une horreur éternelle, si elle leur transmet les accents les plus accablants qu'elles aient jamais entendus !

Macduff. – Humph ! je devine !

Ross. – Votre château a été surpris ; votre femme et vos enfants barbarement massacrés. Vous raconter les détails, ce serait à la curée de ces meurtres ajouter votre mort.

Malcolm. – Ciel miséricordieux !... Allons ! mon cher, n'enfoncez point votre chapeau sur vos sourcils ! Donnez la parole à la douleur : le chagrin qui ne parle pas murmure au cœur gonflé l'injonction de se briser.

Macduff. – Mes enfants aussi ?

Ross. – Femme, enfants, serviteurs, tout ce qu'ils ont pu trouver.

Macduff. – Et il a fallu que je fusse absent ! Ma femme tuée aussi ?

Ross. – J'ai dit.

Malcolm. – Prenez courage. Faisons de notre grande vengeance un remède qui guérisse cette mortelle douleur.

Macduff. – Il n'a pas d'enfants !... Tous mes jolis petits ? Avez-vous dit tous ?... Oh ! infernal milan ! Tous ? Quoi ! tous mes jolis poussins, et leur mère, dénichés d'un seul coup !

Malcolm. – Raisonnez la chose comme un homme.

Macduff. – Oui ! mais il faut bien aussi que je la sente en homme. Je ne puis oublier qu'il a existé des êtres qui m'étaient si précieux... Le ciel a donc regardé cela sans prendre leur parti ? Coupable Macduff, ils ont tous été frappés à cause de toi ! Misérable que je suis, ce n'est pas leur faute, c'est la mienne, si le meurtre s'est abattu sur leurs âmes. Que le ciel les repose maintenant !

Malcolm. – Que ceci soit la pierre où votre épée s'aiguise ! Que la douleur se change en colère ! N'émoussez pas votre cœur, enragez-le !

MACDUFF. – Oh ! moi ! me borner à jouer la femme par les yeux et le bravache par la langue !... Non !... Ciel clément, coupe court à tout délai ; mets-moi face à face avec ce démon de l'Écosse, place-le à la portée de mon épée, et, s'il m'échappe, ô ciel, pardonne-lui aussi.

MALCOLM. – Voilà de virils accents. Allons, rendons-nous près du roi ; nos forces sont prêtes ; il ne nous manque plus que les adieux. Macbeth est mûr pour la secousse fatale, et les puissances d'en haut font mouvoir leurs instruments. Acceptez tout ce qui peut vous consoler. Elle est longue, la nuit qui ne trouve jamais le jour ! *(Ils sortent.)*

ACTE V

SCÈNE PREMIÈRE

En Écosse. – Dunsinane. Une salle dans le château.

Entrent UN MÉDECIN *et* UNE DAME DE SERVICE.

LE MÉDECIN. – J'ai veillé deux nuits avec vous ; mais je ne puis rien apercevoir qui confirme votre rapport. Quand s'est-elle ainsi promenée dernièrement ?

LA DAME DE SERVICE. – Depuis que Sa Majesté est entrée en campagne. Je l'ai vue se lever de son lit, jeter sur elle sa robe de nuit, ouvrir son cabinet, prendre du papier, le plier, écrire dessus, le lire, ensuite le sceller et retourner au lit ; tout cela pourtant dans le plus profond sommeil.

LE MÉDECIN. – Grande perturbation de la nature ! Recevoir à la fois les bienfaits du sommeil et agir comme en état de veille !... Dans cette agitation léthargique, outre ses promenades et autres actes effectifs, par moments, que lui avez-vous entendu dire ?

LA DAME DE SERVICE. – Des choses, monsieur, que je ne veux pas répéter après elle.

LE MÉDECIN. – Vous pouvez me les redire à moi ; cela est de stricte convenance.

LA DAME DE SERVICE. – Ni à vous ni à personne, puisque je n'ai pas de témoin pour confirmer mes paroles.

Entre lady Macbeth, avec un flambeau.

Tenez, la voici qui vient ! Justement dans la même tenue ; et, sur ma vie ! profondément endormie. Observez-la ; approchez.

LE MÉDECIN. – Comment s'est-elle procuré cette lumière ?

LA DAME DE SERVICE. – Ah ! elle l'avait près d'elle ; elle a de la lumière près d'elle continuellement ; c'est son ordre.

LE MÉDECIN. – Vous voyez : ses yeux sont ouverts.

LA DAME DE SERVICE. – Oui ! mais ils sont fermés à la sensation.

LE MÉDECIN. – Qu'est-ce qu'elle fait là ?... Regardez comme elle se frotte les mains.

LA DAME DE SERVICE. – C'est un geste qui lui est habituel, d'avoir ainsi l'air de se laver les mains. Je l'ai vue continuer à faire cela pendant un quart d'heure.

LADY MACBETH. – Il y a toujours une tache.

LE MÉDECIN. – Écoutez ! elle parle. Je vais noter tout ce qui lui échappera, pour fixer plus fermement mon souvenir.

LADY MACBETH. – Va-t'en, tache damnée ! va-t'en ! dis-je... Une ! deux ! Alors il est temps de faire la chose !... L'enfer est sombre !... Fi ! monseigneur ! fi ! un soldat avoir peur !... A quoi bon redouter qu'on le sache, quand nul ne pourra demander compte à notre autorité ? Pourtant qui aurait cru que le vieil homme eût en lui tant de sang ?

LE MÉDECIN. – Remarquez-vous cela ?

LADY MACBETH. – Le thane de Fife avait une femme ; où est-elle à présent ?... Quoi ! ces mains-là ne seront donc jamais propres ?... Assez, monseigneur, assez ! Vous gâtez tout avec ces frémissements.

LE MÉDECIN. – Allez ! allez ! vous en savez plus que vous ne devriez !

LA DAME DE SERVICE. – Elle a parlé plus qu'elle n'aurait dû, je suis sûre de cela. Le ciel sait ce qu'elle sait !

LADY MACBETH. – Il y a toujours l'odeur du sang... Tous les parfums d'Arabie ne rendraient pas suave cette petite main ! Oh ! oh ! oh !

LE MÉDECIN. – Quel soupir ! Le cœur est douloureusement chargé.

LA DAME DE SERVICE. – Je ne voudrais pas avoir dans mon sein un cœur pareil, pour tous les honneurs rendus à sa personne.

LE MÉDECIN. – Bien, bien, bien !

LA DAME DE SERVICE. – Priez Dieu que tout soit bien, monsieur.

LE MÉDECIN. – Cette maladie échappe à mon art ; cependant j'ai connu des gens qui se sont promenés dans leur sommeil et qui sont morts saintement dans leur lit.

LADY MACBETH. – Lavez vos mains, mettez votre robe de nuit, ne soyez pas si pâle... Je vous le répète, Banquo est enterré : il ne peut pas sortir de sa tombe.

LE MÉDECIN. – Serait-il vrai ?

LADY MACBETH. – Au lit ! au lit !... On frappe à la porte. Venez, venez, venez, venez, donnez-moi votre main. Ce qui est fait ne peut être défait... Au lit ! au lit ! au lit ! *(Sort lady Macbeth.)*

LE MÉDECIN. – Ira-t-elle au lit maintenant ?

LA DAME DE SERVICE. – Tout droit.

LE MÉDECIN. – D'horribles murmures ont été proférés... Des actions contre nature produisent des troubles contre nature. Les consciences infectées déchargent leurs secrets sur les sourds oreillers. Elle a plus besoin du prêtre que du médecin. Dieu, Dieu, pardonne-nous à tous !... Suivez-la. Éloignez d'elle tout ce qui peut être nuisible, et ayez toujours les yeux sur elle... Sur ce, bonne nuit ! Elle a confondu mon âme et effaré mes regards. Je pense, mais je n'ose parler.

LA DAME DE SERVICE. – Bonne nuit, bon docteur ! *(Ils sortent.)*

Entrent, tam━━━━━━━━━━━━━ployées, MENTEITH,
CAITHNESS, ━━━, LENOX *et des soldats.*

MENTEITH. – Les forces anglaises approchent, conduites
par Malcolm, son oncle Siward et le brave Macduff. La vengeance brûle en eux : une cause si chère entraînerait un
ascète à la charge sanglante et sinistre.

ANGUS. – Nous les rencontrerons sûrement près de la forêt
de Birnam ; c'est par cette route qu'ils arrivent.

CAITHNESS. – Qui sait si Donalbain est avec son frère ?

LENOX. – Je suis certain que non, monsieur. J'ai la liste de
tous les gentilshommes. Le fils de Siward en est, ainsi que
beaucoup de jeunes imberbes qui font aujourd'hui leurs pre-
mières preuves de virilité.

MENTEITH. – Que fait le tyran ?

CAITHNESS. – Il fortifie solidement le donjon de Dunsinane. Quelques-uns disent qu'il est fou ; d'autres, qui le haïs-
sent moins, appellent cela une vaillante furie ; mais ce qui
est certain, c'est qu'il ne peut pas boucler sa cause défaillante
dans le ceinturon de la règle.

ANGUS. – C'est maintenant qu'il sent ses meurtres secrets
se coller à ses mains. A chaque instant des révoltes lui jettent
à la face sa foi brisée. Ceux qu'il commande obéissent seulement au commandement, nullement à l'affection... Il sent
maintenant sa grandeur s'affaisser autour de lui, comme une
robe de géant sur un voleur nain.

MENTEITH. – Qui blâmerait ses sens surmenés de se révol-
ter et de bondir, quand tout ce qui est en lui se reproche d'y
être ?

CAITHNESS. – Allons ! mettons-nous en marche pour porter notre obéissance à qui nous la devons. Allons trouver le médecin de la société malade ; et, réunis à lui, versons, pour purger notre pays, toutes les gouttes de notre sang.

LENOX. – Versons-en du moins ce qu'il en faudra pour arroser la fleur souveraine et noyer la zizanie. Dirigeons notre marche sur Birnam. *(Ils sortent.)*

SCÈNE III

Dunsinane. – Une salle dans le château.

Entrent MACBETH, LE MÉDECIN, *des gens de la suite.*

MACBETH. – Ne me transmettez plus de rapports !... Qu'ils désertent tous ! Jusqu'à ce que la forêt de Birnam se transporte à Dunsinane, je ne puis être atteint par la crainte. Qu'est-ce que le marmouset Malcolm ? N'est-il pas né d'une femme ? Les esprits, qui connaissent toutes les conséquences mortelles, ont prononcé ainsi à mon égard : « Ne crains rien, Macbeth, nul homme né d'une femme n'aura jamais de pouvoir sur toi. » Fuyez donc, thanes traîtres, et allez vous mêler aux épicuriens anglais. L'âme par qui je règne et le cœur que je porte ne seront jamais accablés par le doute ni ébranlés par la peur.

Entre un serviteur.

Que le diable te noircisse de sa damnation, drôle à face de crème ! Où as-tu pris cet air d'oie ?

LE SERVITEUR. – Il y a dix mille...

MACBETH. – Oisons, maraud !

LE SERVITEUR. – Soldats, seigneur.

MACBETH. – Va ! pique-toi le visage, et farde de rouge ta peur, marmot au foie de lis ! Quels soldats, chiffon ? Mort de ton âme ! tes joues de linge sont conseillères de peur. Quels soldats, face de lait caillé ?

LE SERVITEUR. – Les forces anglaises, sauf votre bon plaisir.

MACBETH. – Ôte ta face d'ici ! *(Le serviteur sort.)* Seyton !... Le cœur me lève quand je vois... Seyton ! allons !... Ce grand coup va m'exalter pour toujours ou me désarçonner tout de suite. J'ai assez vécu : le printemps de ma vie est en proie à la sécheresse, aux feuilles jaunes ; de tout ce qui doit accompagner le vieil âge, le respect, l'amour, l'obéissance, les troupes d'amis, je n'ai plus rien à espérer ; ce qui m'attend à la place, ce sont des malédictions muettes, mais profondes, des hommages de bouche, murmures que les pauvres cœurs retiendraient volontiers, s'ils l'osaient !... Seyton !...

Entre Seyton.

SEYTON. – Quel est votre gracieux plaisir ?

MACBETH. – Quelles nouvelles encore ?

SEYTON. – Tous les rapports se confirment, monseigneur.

MACBETH. – Je combattrai jusqu'à ce que ma chair tombe hachée de mes os... Donne-moi mon armure.

SEYTON. – Il n'en est pas encore besoin.

MACBETH. – Je veux la mettre. Qu'on lance encore de la cavalerie ! qu'on balaye la contrée d'alentour ! qu'on pende ceux qui parlent de peur !... Donne-moi mon armure... Comment va votre malade, docteur ?

LE MÉDECIN. – Elle a moins une maladie, monseigneur, qu'un trouble causé par d'accablantes visions qui l'empêchent de reposer.

MACBETH. – Guéris-la de cela. Tu ne peux donc pas traiter un esprit malade, arracher de la mémoire un chagrin enraciné, effacer les ennuis inscrits dans le cerveau, et, grâce à quelque doux antidote d'oubli, débarrasser le sein gonflé des dangereuses matières qui pèsent sur le cœur ?

LE MÉDECIN. – En pareil cas, c'est au malade à se traiter lui-même.

MACBETH. – Qu'on jette la médecine aux chiens ! je ne veux rien d'elle... Allons ! mettez-moi mon armure ; donnez-moi mon bâton de commandement... Seyton, fais faire une sortie... Docteur, les thanes me désertent... Allons ! mon cher, dépêchons !... Si tu pouvais, docteur, examiner l'eau de mon royaume, découvrir sa maladie, et lui rendre, en le purgeant, sa bonne santé première, je jetterais tes louanges à tous les échos, pour qu'ils les répétassent... Extirpe-moi ce mal, te dis-je... Quelle rhubarbe, quel séné, quelle drogue purgative pourrait donc faire évacuer d'ici ces Anglais ?... As-tu ouï parler d'eux ?

LE MÉDECIN. – Oui, mon bon seigneur ; les préparatifs de Votre Majesté nous ont donné de leurs nouvelles.

MACBETH. – Qu'on porte mon armure derrière moi !... Je ne craindrai pas la mort ni la ruine avant que la forêt de Birnam vienne à Dunsinane. *(Tous sortent, excepté le médecin.)*

LE MÉDECIN. – Si j'étais une bonne fois élargi de Dunsinane, il n'est pas de profits qui m'y feraient revenir. *(Il sort.)*

SCÈNE IV

Les environs de Dunsinane. – Une forêt à l'horizon.

Entrent, sous les drapeaux, au son du tambour, MALCOLM, *le vieux* SIWARD *et* SON FILS, MACDUFF, MENTEITH, CAITHNESS, ANGUS, LENOX, ROSS, *suivis de soldats en marche.*

MALCOLM. – Cousin, j'espère que le jour n'est pas loin où nous serons en sûreté dans nos foyers.

MENTEITH. – Nous n'en doutons nullement.

SIWARD. – Quelle est cette forêt devant nous ?

MENTEITH. – La forêt de Birnam.

MALCOLM. – Que chaque soldat coupe une branche d'arbre et la porte devant lui ! par là nous jetterons l'ombre sur notre force, et nous mettrons en erreur les éclaireurs ennemis.

LES SOLDATS. – Nous allons le faire.

SIWARD. – Tout ce que nous apprenons, c'est que le tyran tient toujours dans Dunsinane avec confiance, et attendra que nous l'y assiégions.

MALCOLM. – Là est sa suprême espérance ; car, partout où l'occasion s'en offre, petits et grands lui font défection. Il n'a plus à son service que des êtres contraints dont le cœur même est ailleurs.

MACDUFF. – Que nos justes censures attendent l'événement infaillible. Jusque-là déployons la plus savante bravoure.

SIWARD. – Le temps approche où une décision nécessaire nous fera connaître notre avoir et notre déficit. Les conjectures de la pensée reflètent ses espérances incertaines ; mais le dénouement infaillible, ce sont les coups qui doivent le déterminer. A cette fin précipitons la guerre. *(Ils se mettent en marche.)*

SCÈNE V

Dunsinane. – Intérieur du château.

Entrent, sous les drapeaux, au son du tambour, MACBETH, SEYTON *et des soldats.*

MACBETH. – Qu'on déploie nos bannières sur les murs extérieurs ! Le cri de garde est toujours : Ils viennent ! Notre château est assez fort pour narguer un siège : qu'ils restent étendus là jusqu'à ce que la famine et la fièvre les dévorent ! S'ils n'étaient pas renforcés par ceux qui devraient être des nôtres, nous aurions pu hardiment aller à eux, barbe contre barbe, et les faire battre en retraite jusque chez eux... Quel est ce bruit ?

SEYTON. – Ce sont des cris de femmes, mon bon seigneur. *(Il sort.)*

MACBETH. – J'ai presque perdu le goût de l'inquiétude. Il fut un temps où mes sens se seraient glacés au moindre cri nocturne, où mes cheveux, à un récit lugubre, se seraient dressés et agités comme s'ils étaient vivants. Je me suis gorgé d'horreurs. L'épouvante, familière à mes meurtrières pensées, ne peut plus me faire tressaillir. Pourquoi ces cris ?

Seyton rentre.

SEYTON. – La reine est morte, monseigneur.

MACBETH. – Elle aurait dû mourir plus tard. Le moment serait toujours venu de dire ce mot-là !... Demain, puis demain, puis demain glisse à petits pas de jour en jour jusqu'à la dernière syllabe du registre des temps ; et tous nos hiers n'ont fait qu'éclairer pour des fous le chemin de la mort poudreuse. Éteins-toi, éteins-toi, court flambeau ! La vie n'est qu'un fantôme errant, un pauvre comédien qui se pavane et s'agite durant son heure sur la scène et qu'ensuite on n'entend plus ; c'est une histoire dite par un idiot, pleine de fracas et de furie, et qui ne signifie rien...

Entre un messager.

Tu viens pour user de ta langue ; ton conte, vite !

LE MESSAGER. – Mon gracieux seigneur, je voudrais vous rapporter ce que j'affirme avoir vu, mais je ne sais comment faire.

MACBETH. – Eh bien ! parlez, monsieur !

LE MESSAGER. – Comme je montais ma garde sur la colline, j'ai regardé du côté de Birnam, et tout à coup il m'a semblé que la forêt se mettait en mouvement.

MACBETH, *le frappant*. — Misérable menteur !

LE MESSAGER. — Que j'endure votre courroux, si cela n'est pas vrai ! vous pouvez, à trois milles d'ici, la voir qui arrive ; je le répète, c'est un bois mouvant.

MACBETH. — Si ton rapport est faux, je te ferai pendre vivant au premier arbre, jusqu'à ce que la faim te racornisse ; s'il est sincère, je me soucie peu que tu m'en fasses autant. Je rétracte ma résolution, et je commence à soupçonner l'équivoque du démon, qui ment en disant vrai. « Ne crains rien jusqu'à ce que la forêt de Birnam marche sur Dunsinane ! » Et voici que la forêt marche vers Dunsinane... Aux armes, aux armes ! et sortons ! Si ce qu'il affirme est réel, nul moyen de fuir d'ici ni d'y demeurer. Je commence à être las du soleil, et je voudrais que l'empire du monde fût anéanti en ce moment. Qu'on sonne la cloche d'alarme !... Vent, souffle ! Viens, destruction ! Nous mourrons, du moins, le harnais sur le dos. *(Ils sortent.)*

SCÈNE VI

Une plaine devant le château.

Entrent, sous les drapeaux, au son des tambours, MALCOLM, le vieux SIWARD, MACDUFF, etc., et des soldats portant des branches d'arbres.

MALCOLM. — Assez près maintenant ! Jetez vos écrans de feuillage, et montrez-vous comme vous êtes... Vous, digne oncle, avec mon cousin, votre noble fils, vous commanderez notre front de bataille ; le digne Macduff et nous, nous nous chargeons du reste, conformément à notre plan.

SIWARD. — Adieu ! Pour peu que nous rencontrions ce soir les forces du tyran, je veux être battu, si nous ne savons pas leur tenir tête.

Macduff. – Faites parler toutes nos trompettes ; donnez-leur tout leur souffle, à ces bruyants hérauts du sang et de la mort. *(Ils sortent. Fanfares d'alarme prolongées.)*

SCÈNE VII

Dunsinane. – Une autre partie de la plaine.

Macbeth. – Ils m'ont lié à un poteau ; je ne puis pas fuir, et il faut que je soutienne la lutte comme un ours... Où est celui qui n'est pas né d'une femme ? C'est lui que je dois craindre, ou personne.

Entre le jeune Siward.

Le Jeune Siward. – Quel est ton nom ?

Macbeth. – Tu seras effrayé de l'entendre.

Le Jeune Siward. – Non ! quand tu t'appellerais d'un nom plus brûlant que tous ceux de l'enfer.

Macbeth. – Mon nom est Macbeth.

Le Jeune Siward. – Le diable lui-même ne pourrait prononcer un titre plus odieux à mon oreille.

Macbeth. – Non ! ni plus terrible.

Le Jeune Siward. – Tu mens, tyran abhorré ! Avec mon épée, je vais te prouver ton mensonge. *(Ils se battent ; le jeune Siward est tué.)*

Macbeth. – Tu étais né d'une femme. Je souris aux épées, je nargue les armes brandies par tout homme né d'une femme. *(Il sort.)*

Fanfare d'alarme. Entre Macduff.

Macduff. – Le bruit est de ce côté... Tyran, montre ta face ; si tu n'es pas tué de ma main, les ombres de ma femme et de mes enfants me hanteront toujours. Je ne puis pas frapper les misérables Kernes, dont les bras sont loués pour porter des bâtons. C'est toi, Macbeth, qu'il me faut ; sinon, je rentrerai au fourreau, sans en avoir essayé la lame, mon épée inactive. Tu dois être par là. Ce grand cliquetis semble annoncer un combattant du plus grand éclat. Fais-le-moi trouver, Fortune, et je ne demande plus rien. *(Il sort. Fanfare d'alarme.)*

Entrent Malcolm et le vieux Siward.

SIWARD. – Par ici, monseigneur ! Le château s'est rendu sans résistance : les gens du tyran combattent dans les deux armées ; les nobles thanes guerroient bravement ; la journée semble presque se déclarer pour vous, et il reste peu à faire.

MALCOLM. – Nous avons rencontré des ennemis qui frappent à côté de nous.

SIWARD. – Entrons dans le château, seigneur. *(Ils sortent. Fanfare d'alarme.)*

SCÈNE VIII

Rentre MACBETH.

MACBETH. – Pourquoi jouerais-je le fou romain et me tuerais-je de ma propre épée ? Tant que je verrai des vivants, ses entailles feront mieux sur eux.

Rentre Macduff.

MACDUFF. – Tourne-toi, limier d'enfer, tourne-toi.

MACBETH. – De tous les hommes, je n'ai évité que toi seul ; mais retire-toi : mon âme est déjà trop chargée du sang des tiens.

MACDUFF. – Je n'ai pas de paroles, ma voix est dans mon épée, scélérat ensanglanté de forfaits sans nom ! *(Ils se battent.)*

MACBETH. – Tu perds ta peine. Tu pourrais aussi aisément balafrer de ton épée l'air impalpable que me faire saigner. Que ta lame tombe sur des cimiers vulnérables ! j'ai une vie enchantée qui ne peut pas céder à un être né d'une femme.

MACDUFF. – N'espère plus dans ce charme. Que l'ange que tu as toujours servi t'apprenne que Macduff a été arraché du ventre de sa mère avant terme !

MACBETH. – Maudite soit la langue qui me dit cela ! car elle vient d'abattre en moi le meilleur de l'homme. Qu'on ne croie plus désormais ces démons jongleurs qui équivoquent avec nous par des mots à double sens, qui tiennent leur promesse pour notre oreille et la violent pour notre espérance !... Je ne me battrai pas avec toi.

MACDUFF. – Alors, rends-toi, lâche ! Et vis pour être le spectacle et l'étonnement du siècle. Nous mettrons ton portrait, comme celui de nos monstres rares, sur un poteau, et nous écrirons dessous : « Ici on peut voir le tyran. »

MACBETH. – Je ne me rendrai pas. Pour baiser la terre devant les pas du jeune Malcolm, ou pour être harcelé par les malédictions de la canaille ! Bien que la forêt de Birnam soit venue à Dunsinane, et que tu sois mon adversaire, toi qui n'es pas né d'une femme, je tenterai la dernière épreuve ; j'étends devant mon corps mon belliqueux bouclier : frappe, Macduff ; et damné soit celui qui le premier criera : « Arrête ! assez ! » *(Ils sortent en se battant.)*

SCÈNE IX

Retraite. Fanfare. Rentrent, tambour battant, enseignes déployées, MALCOLM, LE VIEUX SIWARD, ROSS, LENOX, ANGUS, CAITHNESS, MENTEITH *et des soldats.*

MALCOLM. – Je voudrais que les amis qui nous manquent fussent ici sains et saufs !

SIWARD. – Il faut bien en perdre. Et pourtant, à voir ceux qui restent, une si grande journée ne nous a pas coûté cher.

MALCOLM. – Macduff nous manque, ainsi que votre noble fils.

ROSS, *à Siward*. – Votre fils, milord, a payé la dette du soldat : il n'a vécu que jusqu'à ce qu'il fût un homme ; à peine sa prouesse lui a-t-elle confirmé ce titre, au poste immuable où il a combattu, qu'il est mort comme un homme.

SIWARD. – Il est donc mort ?

ROSS. – Oui ! et emporté du champ de bataille. Votre douleur ne doit pas se mesurer à son mérite, car alors elle n'aurait pas de fin.

SIWARD. – A-t-il reçu ses blessures par-devant ?

ROSS. – Oui, de face.

SIWARD. – Eh bien ! qu'il soit le soldat de Dieu ! Eussé-je autant de fils que j'ai de cheveux, je ne leur souhaiterais pas une plus belle mort. Et voilà son glas sonné.

MALCOLM. – Il mérite plus de regrets ; il les aura de moi.

SIWARD. – Il n'en mérite pas plus. On dit qu'il est bien parti, et qu'il a payé son écot. Sur ce, que Dieu soit avec lui !... Voici venir une consolation nouvelle.

Rentre Macduff, portant la tête de Macbeth au bout d'une pique.

MACDUFF. – Salut, roi ! car tu l'es. *(Il enfonce la pique en terre.)* Regarde où se dresse la tête maudite de l'usurpateur. Notre temps est libre. Ceux que je vois autour de toi, perles de ta couronne, répètent mentalement mon salut ; je leur demande de s'écrier tout haut avec moi : « Salut, roi d'Écosse ! »

TOUS. – Salut, roi d'Écosse ! *(Fanfare.)*

MALCOLM. – Nous ne ferons pas une large dépense de temps avant de compter avec tous vos dévouements et de nous acquitter envers vous. Thanes et cousins, dès aujourd'hui soyez comtes ; les premiers que jamais l'Écosse ait désignés par ce titre. Tout ce qu'il reste à faire pour replanter à nouveau notre société : rappeler nos amis exilés qui ont fui à l'étranger les pièges d'une tyrannie soupçonneuse ; dénoncer les ministres cruels du boucher qui vient de mourir, et de son infernale reine, qui s'est, dit-on, violemment ôté la vie de ses propres mains ; enfin, tous les actes urgents qui nous réclament, nous les accomplirons, avec la grâce de Dieu, dans la mesure, le temps et le lieu voulus. Sur ce, merci à tous et à chacun ! Nous vous invitons à venir à Scone voir notre couronnement. *(Fanfare. Tous sortent.)*

CATALOGUE LIBRIO (extraits)
LITTÉRATURE

178

Achevé d'imprimer en Allemagne (Pössneck)
en mai 2007 pour le compte de E.J.L.
87, quai Panhard-et-Levassor, 75013 Paris
EAN 9782290339138
Dépôt légal mai 2007
1er dépôt légal dans la collection : septembre 2000

Diffusion France et étranger : Flammarion